判 例
キーポイント
憲 法

岡田　順太
淡路　智典
今井健太郎

成文堂

はじめに——あたらしい憲法判例のはなし

敗戦から2年後、日本国憲法が施行された1947年の8月に『あたらしい憲法のはなし』という本が全国に配られたのをご存知でしょうか。憲法の仕組みをやさしく噛み砕いて説明した本ですが、戦争放棄などインパクトのあるイラストを見たことがある人は多いのではないでしょうか。これにより、多くの人々が「あたらしい憲法」に興味を持ち、理解しようとしたことは容易に想像がつきます。しかし、あたらしい憲法の「判例」についてはどうでしょう。

憲法が施行されてから70年余りの間に、裁判所では数多くの憲法に関する裁判を扱ってきました。そこでの判断は「判例」と呼ばれ、憲法の行間を埋める役割を果たしています。しかし、それらに対する関心は、憲法そのものに比べて低いのではないでしょうか。それに、憲法判例には難しいとのイメージがあるようです。

出典：国立国会図書館

そこで、若手の憲法学者が中心となって、憲法判例を思いっきりやさしく噛み砕いて書いてみたのがこの本です。ちょうど紙芝居で「おはなし」を聞くように、さらっと流せるような読み物としています。なので、法学を専門に学んでいない学生が、一人で読んでも何となく理解できることでしょう。その分、正確性に難が生じますが、興味を持ってもらい、さらなる学習につなげてもらえれば、執筆者として本望です。

この本の読者が、少しでも憲法判例に興味・関心を持ち、さらに「あたらしい憲法」への理解を深めてもらえれば、本の執筆者として大変うれしく思います。

最後に、出版に尽力してくださった飯村晃弘さん、松田智香子さんをはじめとする成文堂の皆様に感謝申し上げます。

2020年2月
編　者

この本の読み方

各判例は、原則として見開き２頁で読みきれるようにしてあります（特に重要な判例は、関連判例を含めて４頁で書かれています。）。いずれも、(1) どのような事件が起きたのかを簡単に説明し、(2) その流れを図で確認して、(3) 裁判所がどういう判断を示しているのかを示すというパターンで判例を紹介しています（重要判例については、さらに勉強をするためのヒントが示されています。）。そして、(4) 一番のキーポイントとなる事柄（よく試験で聞かれることや関連する判例など）を最後にまとめておきました。

大学の授業でも、憲法判例は難しいという声を聞きます。その理由はいろいろあると思いますが、まず何が問題となる事件なのか、イメージがわきにくいということがあるでしょう。たとえば、お金を貸したのに返してくれないというような民法に関係するトラブルや、自転車が盗まれたというような刑法に関する事件は、想像しやすいかと思います。しかし、「法務大臣が出入国管理法に基づく在留延長申請に対して不許可処分を行った」と言われても、なかなか実感がわかないことでしょう。また、「松川事件」「学テ」「中核派」など戦後の特定の時代の人にはよく分かるけれど、現在の若い世代には難しい（知らない）言葉が当然のように出てくるのも、難しさを増す原因となっているかもしれません（巻末の資料も参考にして下さい。）。法学や裁判所特有の言い回しが堅苦しく、難解なのも憲法判例を遠ざける要因になっているでしょう。

そこで、この本では、一つの判例ごとに次のような方針で簡易な解説をしています。

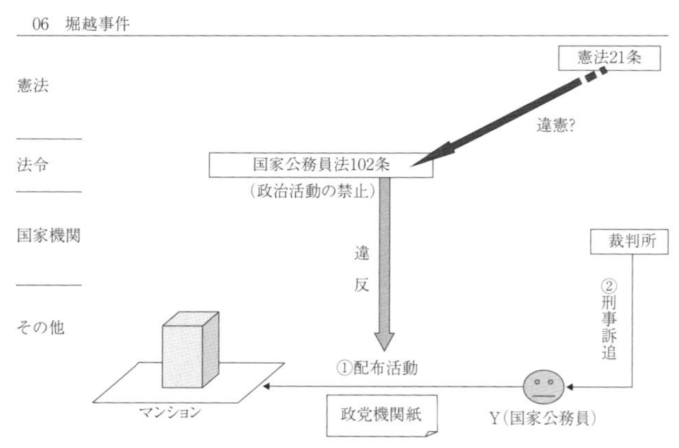

図の見本（【06】堀越事件から）

1．何が起きた？

ごくごく簡単に、どのような事件が起きて、それがどう裁判になっていったのか説明しています。実は、憲法判例といっても、憲法の問題だけを裁判所で議論するのではありません。民法の問題や刑法の問題とあわせて議論しないと、裁判所としては憲法の問題を扱えない仕組みになっているからです（付随的審査制）。

ただ、そうした細かい仕組みはひとまず横に置いて、どうしてそのような憲法の議論になったのか、具体的な争いの内容を知ってもらうことが重要です。次に示す、事件の図を参考にしながら、①どういった人が、②誰を相手に、③どういう根拠で訴えを起こしたのか、時間の流れ（時系列）をたどりながら理解するようにしてください。

※図の特徴

ここで紹介する憲法判例の図には、作り方に特徴があります。その意味が分かるようになれば、憲法の大まかな性質を理解したということになります。

まず、「図の見本」の左端を見てください。上から、「憲法」、「法令」、「国家機関」、「その他」とあります。そして、それに対応するように、裁判に必要な要素・登場人物などが書かれています。

（1）憲法は「法律」ではない！

このうち、憲法と法令を分ける意味を説明しましょう。憲法は、国の最高法規（98条1項）とされており、他の法令とは別格の力を持っています（法の段階構造といって、会社の社長、部長、平社員のような階級が予め決められています。憲法は最上位のワンマン社長です。）。国会が制定する「法律」やその他の法令、あるいはそれらの下で行われる様々な活動は、憲法が定める枠内でしか制定できません。憲法判例を学ぶというのは、憲法に照らして、ある法令や活動が有効か無効かについて検討するものなのです。そのため、憲法を最上位に置いて、その下で起きた出来事が憲法から見てどう判断されるのかという点から図を描くということが必要になるのです。その判断の視点が、憲法から伸びる矢印に示されている点に注意してください。

言い換えると、憲法は「法律」ではなく、「法律」をチェックするための「基本ルール」なのです。普通は、「法律は守らなくちゃ」→「法律に違反しているか」と考えるでしょうが、憲法判例の場合は、「そんな法律守るのヤダな」→「法律がなくならないかな」という逆の発想が必要になります。実は「運動会ヤダな」→「火事で学校が燃えないかな」というのと同じ構図ですので、法律に対するこれまでの見方を大きく変える必要があります。

（2）憲法は国家権力（犬）を縛る道具（首輪）！

次に、図の見本3段目と4段目を見てください。「国家機関」と「その他」となっています。これは、憲法判例に2つのタイプがあって、処理の仕方が異なるため、そのような枠組みが必要になるのです。

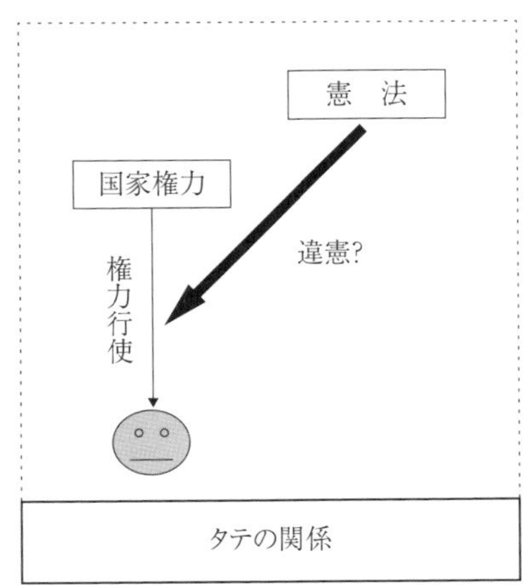

まず、基本形は右（→タテの関係）のようなものです。国家機関（国会、内閣、裁判所など）が国民に対して権力（立法権、行政権、司法権など）を行使するのに対して、憲法がチェックをしていくパターンです。

国家権力は使い方によっては、社会を安全で豊かにしてくれますが、使い方を誤るとその牙を国民に向けてきます。ちょうど番犬のようなもので、ちゃんと飼わないと、飼い主に危害が及びます。そこで、犬を首輪と鎖で縛るように、国家権力を憲法でつないで、飼い主（主権者）である国民の言うことを聞かせるのです。ということは、国民が憲法に縛られたらおかしいですね（そういう趣味の人は別ですが）。

では、国民と国民の間（私人間）で起きる問題に憲法を直接持ってくることはできないのでしょうか。会社の中で起きたパワハラや学校で起きたいじめは、憲法問題ではないのでしょうか。

（3）私人間で憲法を使うのには「ひと工夫」必要！

先ほどの図で示した事例を、権力が上から降りてくるという意味で、「タテの関係」と呼びますが、そこでは憲法を直接あてはめて構いません。しかし、右（→ヨコの関係）のように、対等な私人の間で起きる法律問題については、憲法を直接あてはめることはできません。

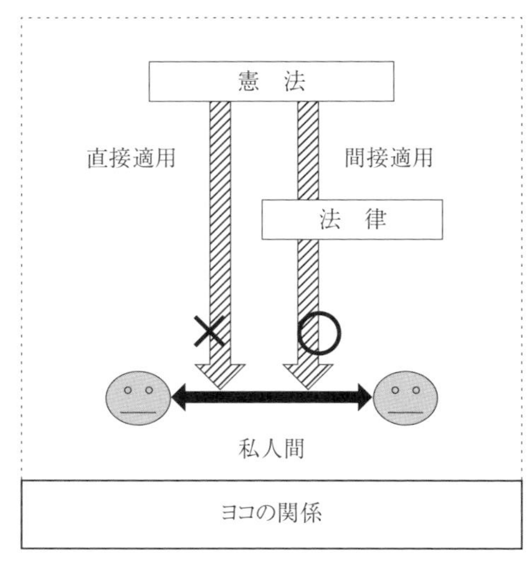

詳しいことは、【08】三菱樹脂事件で解説しますが、ヨコの関係にも憲法は適用（あてはめ）可能なのです。ただし、間に法律を入れて間接的に適用するという「ひと工夫」が必要になります。

そのため、タテの関係とは異なる処理方法をするということが分かるように、図の見本の「その他」の部分に当事者を横に並べて描く必要があるのです。

以上のようなルールのもとで、それぞれの判例について図を作成してあります。ただ、執筆担当者によって「絵心」に差があるので、その点はご愛嬌としてください。それよりも、読者の皆さんが白紙の状態から判例を描けるか、上記のルールに従って試してみましょう。

2．判決文に聞いてみよう

事件に対して、裁判所が何を言ったのか、そしてどういう結論を出したのか、Q＆A形式でごく簡単にまとめてあります。裁判所の判決は、言い回しがくどく、表現が難しいものが多いのですが、それは表現の正確性を保つために必要なことです。この点は、学習が進むとよくわかると思います。ただ、勉強を始めたばかりの人には、細かい部分は後回しにして、全体的な流れをつかむことが最優先です。そこで、判決文の骨組みを保ちながら、可能な限りかみ砕いた表現に書き直してあります。

もちろん、これで満足せずに、判決文そのものを読んで、より正確な理解をするようにして欲しいのですが、まずは裁判官の考え方を何となく学んでもらえればと思います。

3．もう一歩先の勉強のために

この項目はすべての判例についている訳ではありません。本書に掲載された47件の判例のうち、特に重要と思われる判例を8件に絞って、発展的な学習の視点、関連する論点などをQ＆A形式で提示・解説しています。通常の判例が見開き2頁で納まっているのに対して、重要判例については倍の4頁の分量になっています。とりあえず判例をざっと見たいという人は、この項目を後回しにしても構いません。

※判決のここが大事！

この判決は要するに何が言いたいのか、どういう論点があるのかなど、試験に出てもおかしくないような事柄を端的にまとめてあります。Q＆Aを読む前に、こちらに目を通しても構いません。

＊　＊　＊

最後に、さらに学習を進めるためのアドバイスを少ししておきましょう。法学を学ぶ際の視点として欠かすことができないポイントがいくつかありますので、それを日頃から意識してみましょう。

まずは、言葉の定義です。法学で用いられる言葉は、基本的に日本語なので日常会話の言葉と同じようにとらえがちです。しかし、基本的には専門用語だと思って、言葉の意味を明らかにした上で、その言葉を使う必要があります。基本書などを読むと、「○○とは、…である」という定式で定義が示されていることがありますので、そうしたことに意識を向けることが重要です。また、**大沢秀介・大林啓吾編『確認憲法用語』（成文堂、2014年）**のような用語集や法律学の辞典を手元に置いておくのもよいでしょう。

次のポイントは、法令の条文とその趣旨です。法的に議論をするために条文は欠かせません。そして、条文にはすべてのことが書かれている訳ではありませんから、その条文が「なぜ」あるのかということを知ることも重要です。条文集である六法は常に手元に置いて、条文が出てくるたびにこまめに引く癖を付けなければなりません。手元の六法に載っていない法令は、**政府の法令検索（e-gov.go.jp）**で見られます。そして、個別の条文の意味だけでなく、条文同士の関係を知ることで、法の全体像（体系）が見えてきます。そうした理解のために、手元に１冊概説書を用意しましょう。初学者向けの簡潔なものとして、**駒村圭吾編『プレステップ憲法（第２版）』（弘文堂、2018年）**があります。

さらにポイントとなるのは、当然、判例です。一般に「判例」とは最高裁判所による裁判、あるいはそこで示された法解釈をいいます。これと区別して、下級裁判所の場合は「裁判例」と呼ぶことが多いです。判例は、法令の条文のすき間を埋める役割を果たします。特に憲法の人権規定は、内容が抽象的なものが多いですので、判例なしに憲法の理解は不可能です。相当数の判例は、**裁判所ホームページ（courts.go.jp）**の裁判例検索で閲覧できますので、全文を読んでみましょう。各種の国家試験や資格試験の受験を目指すのであれば、**長谷部恭男ほか編『憲法判例百選Ⅰ・Ⅱ（第７版）』（有斐閣、2019年）**は必須アイテムです。また、判例をベースにした法理論の学習教材としては、**川﨑政司ほか編『判例から学ぶ憲法・行政法（第５版）』（法学書院、2020年）**があります。また、憲法上の争点は現実の政治問題と表裏一体の関係にありますから、国内外の社会問題に関心を向けることも必要です。特に、戦後の労働運動や革新勢力の活動、各種市民運動の経過と発展、環境問題への対応などを振り返ることが憲法判例の理解には欠かせません。**倉持孝司編『歴史から読み解く日本国憲法（第２版）』（法律文化社、2017年）**などが参考になるでしょう。

その他にも学習のポイントは様々にありますが、さしあたり①定義、②条文、③趣旨そして④判例を意識しながら、授業を受けたり、教材を読んだりというインプットをすることで、試験問題を解いたり、論文を書いたりするというアウトプットにつながることでしょう。本書がそうした学習の呼び水になれば幸いです。

目　次

精神的自由権〈表現の自由〉

経済的自由権〈財産権〉

人身の自由

凡例

XX 判　昭和 XX 年 X 月 XX 日
↑判決を下した裁判所　↑判決を下した年月日

最大判：最高裁判所大法廷判決
最一小判：最高裁判所第一小法廷判決
最二小判：最高裁判所第二小法廷判決
最三小判：最高裁判所第三小法廷判決
最大決：最高裁判所大法廷決定
XX 高判：XX 高等裁判所判決
XX 地判：XX 地方裁判所判決
XX 簡判：XX 簡易裁判所判決

第一審：地方裁判所での裁判
第二審：高等裁判所での裁判
最終審：最高裁判所での裁判

判決の種類
・民事事件、行政事件
請求認容判決：請求を正当と認める判決
請求棄却判決：請求を不当として退ける判決
訴え却下判決：訴訟要件が欠けている場合、訴えを不適法として却下する判決

・刑事事件
有罪判決：検察が被告人によって犯罪が行われたことを証明した場合に刑期等が言い渡される。
無罪判決：被告人に犯罪の証拠がない場合に無罪が言い渡される。

・第二審、最終審の判決
上告棄却：下級裁判所が下した判決を正当なものであるとして、上告を退けること。
破棄差戻し：上級裁判所が下級裁判所の下した判決を破棄して、その下級裁判所に審理を差戻すこと。
破棄自判：上級裁判所が下級裁判所の下した判決を破棄して自ら審理をやり直すこと。

※裁判の手続や判決等の詳細については裁判所のウェブサイト（http://www.courts.go.jp/）等を参照せよ。

判例キーポイント憲法

01. 長沼ナイキ訴訟（札幌地判昭和48年9月7日）
——私たちが平和に生きるための保安林を守ってよ！

1．何が起きた？

昔から北海道夕張郡長沼町には、この地域で暮らす人々を風水害などから守る保安林があった。しかし、防衛庁は、この地域の一部に航空自衛隊のナイキミサイル基地を建設することにした。なぜなら、基地を建設することが国防という公益性をもつ国家作用と考えたからである。そこで、防衛庁は農林大臣Yに対して、保安林の一部の指定解除を申請した。1969年7月、農林大臣Yは、「公益上の理由により必要が生じたとき」、保安林の指定を解除することができるとして（森林法26条2項）、保安林指定の解除処分を行い、その伐採を許可した。

しかし、保安林地域周辺に暮らす住民Xらは、基地が建設されることによって、自らが平和に生存することができなくなるとして、保安林解除の取消しを求める訴訟を起こした。また、我が国は憲法9条によって戦争を放棄し、戦力の保持を禁止している。そのため、そもそも自衛隊が憲法9条の定める戦力に当たり、自衛隊の基地を設置することは、ただちに無効と判断されると住民Xらは主張した。したがって、住民Xらは、自衛隊の基地には、「公益上の理由」がないため、農林大臣Yが保安林の指定を解除した処分は違法であり、指定解除処分の執行停止及び取消しを求める訴訟を提起した。

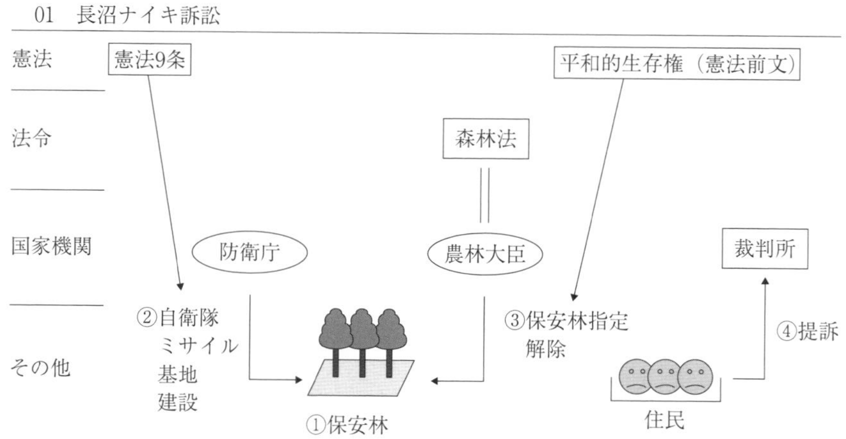

2．判決文に聞いてみよう

Q．保安林の土地は、周辺住民Xらの土地ではないのに、保安林がなくなることで自らに危険が及ぶという理由で訴えを起こせるの？

A．はい。森林法に規定する保安林制度の目的は憲法の基本原理に基づいています。憲法前文の「われらは、全世界の国民が、ひとしく恐怖と欠乏から免かれ、平和のうちに生存する権利を有する」（平和的生存権）ことの保護も、当然に森林法に含みます。従って、森林法に係る処分により周辺住民の平和的生存権が侵害されたり、その危険がある限り、周辺住民は訴えを提起できます。

Q．憲法9条1項によって自衛権は放棄されたの？

A．いいえ。憲法9条で一切の戦力や軍備を持つことを禁止していますが、日本が独立した主権国家である以上、固有の自衛権を放棄していません。ただし、自衛権の行使が軍事力と結び付くことはありません。憲法が国の基本方針として永久平和主義を掲げている以上、非戦力・非軍事的な方法での自衛権の行使しか認められません。

Q．憲法9条2項の「戦力」って何？　自衛隊は「戦力」なの？

A．はい。自衛隊は「戦力」に当たると考えらます。「戦力」とは、陸海空軍以外の軍隊、軍隊に準ずるもの、これに匹敵する実力をもち、有事の際には戦争目的に転化できる人的、物的手段の組織体を意味します。自衛隊の編成、規模、装備、能力を考えれば、自衛隊が軍隊であることは明らかです。

Q．保安林指定を解除したことはアウト？　セーフ？

A．アウトです。農林大臣Yが保安林指定解除処分を行ったのは、自衛隊基地建設には国の防衛という公益上の理由があったと主張しました。しかし、自衛隊は憲法9条2項の「戦力」に当たり違憲であるため、解除に公益性はないのです。

⇒請求認容（X勝訴。但し、高裁・最高裁では逆転敗訴）。

この判決のここが大事！

・第1審は自衛隊を明白に違憲と判断した。しかし、第2審では、第1審判決を覆し、本件のように高度に政治性のある国家行為は、自衛隊が極めて明白に違憲状態であるわけでもない限り、裁判で審査することはできないと判断した（統治行為論）。最高裁では、いまだに自衛隊が合憲であるのか否かについての判断を示していない。

02. 砂川事件（最大判昭和 34 年 12 月 16 日）
——駐留米軍のいる日本は「平和」か？

1．何が起きた？

1951 年 9 月、日本はアメリカとの間に旧安保条約を締結し、これに基づいて米軍の日本駐留が承認された。

事件の舞台となった砂川町では、住民、労働組合、学生団体等による駐留米軍立川飛行場の拡張計画への反対運動が展開されていた。事件は、1957 年 7 月、基地拡張のための土地測量が行われたことに端を発する。当日千人余りがこの測量に反対する運動を行っていたが、その一部の Y が警察と衝突し、境界柵を破壊して基地の中に立ち入った。この行為が旧安保条約 3 条に基づく行政協定に伴う刑事特別法 2 条に違反するとし、起訴された。

1959 年 3 月、第 1 審は以下を理由に旧安保条約は違憲であり、Y は無罪だと判断した。①憲法 9 条は侵略戦争のみならず自衛戦争および自衛力の保持も認めておらず、②米軍駐留により日本と直接関係のない武力紛争に巻き込まれ、戦争の惨禍が日本におよぶ恐れや憲法の精神に反する疑いがある。③米軍駐留は日本の要請とこれに対する施設の提供や費用の分担等があって初めて可能であり、実質的に考えると米軍駐留を許容していることは 9 条 2 項によって禁止される戦力の保持に該当する。④米軍駐留が違憲である以上、刑事特別法 2 条も憲法 31 条に反して無効である。

これを受け、検察側は最高裁に跳躍上告（第 2 審を飛び越して判断を求める）した。

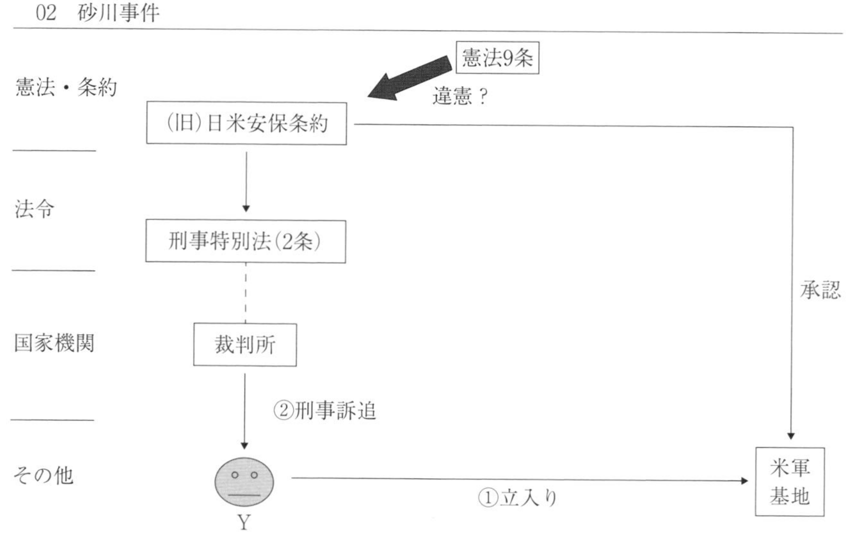

2．判決文に聞いてみよう

Q．憲法 9 条は外国に安全保障を求めることを禁止しているの？

A．いいえ。日本の「平和と安全の維持のための安全保障」であり、かつその目的達成にふさわしい方式・手段である場合に限って、9 条は他国に安全保障を求めていることを禁止していません。

Q．外国の軍隊は憲法が禁止する「戦力」なの？

A．いいえ。9 条が禁止する「戦力」は日本が指揮権、監督権を行使できる戦力であって、外国の軍隊はたとえ日本に駐留するとしても、「戦力」に該当しません。

Q．米軍の駐留は違憲・合憲、どちらなの？

A．そもそも、裁判所が判断する性質のものではないと結論しました。安保条約のように高度の政治性をもつ問題は、「一見きわめて明白に違憲無効であると認められるのでない限り」、裁判の違憲審査の範囲外であり、米軍の駐留は、憲法 9 条などに照らしてこれに該当しません。

旧安保条約は違憲審査になじむ性質のものではないため、この点で裁判所の権限を逸脱した第 1 審の判断は誤っており、Y 無罪の主張は採用できません。

⇒破棄差戻し（敗訴、Y は有罪）。

この判決のここが大事！

・砂川事件は条約（旧日米安保条約）が違憲審査権の対象外か否かを検討している点で、事実上、条約も違憲審査の対象をなり得ることを示した。また、本件は「高度の政治性」を理由に違憲審査を控えるべきだとする「統治行為論」を採用したとされているが、実際には問題となった国家行為の合憲性を詳細に判断しているため、これには該当しないといえる。本件は日米安保条約が憲法 9 条に適合するか否かが争点となった初めての事例だが、第 1 審と最高裁の判断がきわめて鮮明な対照をなしている点にも注意しよう。

・日米安保条約の合憲性については、他に、沖縄代理署名訴訟（最大判平成 8 年 8 月 28 日）も参照。本件は、米軍基地が集中する沖縄県で、米軍用地の強制使用手続の一環である代理署名を、当時の県知事が拒否したことに端を発する。最高裁は、安保条約の違憲無効が一見極めて明白でない以上合憲を前提とし、上記の手続きの根拠である特措法を憲法 9 条等に反するとした沖縄県側の主張を全面的に退けた。

03. 自衛隊イラク派兵差止訴訟（名古屋高判平成20年4月17日）
――「負けるが勝ち」の違憲判断

1．何が起きた？

2003年、政府はイラク戦争後の復興支援などを実施するための法律（イラク特措法）を制定した。イラク特措法は、戦闘行為が行われていない地域に限り、自衛隊の活動を認める内容だった。これに基づき、防衛庁長官（現在の防衛大臣）は、自衛隊に派遣命令を発出し、航空自衛隊は、アメリカ軍などと調整の上で、クウェートからイラクの首都バグダッドなどへの物資・人員の輸送活動を行うことになった。

当時のバグダッドは、いまだに武装勢力がアメリカなどの多国籍軍と戦闘を繰りひろげ、多数の民間人も犠牲になっていた。また、バグダッド空港を発着する航空機もたびたび武装勢力の標的になっていたため、航空自衛隊の輸送機C-130Hには、フレアという地上からのミサイル攻撃を防ぐ装置が装備されていた。

こうした自衛隊の活動を憲法違反と考えるXらは、国を相手取り、自衛隊のイラク及び周辺国への「派兵」が違憲であるとの確認と差止めを求め、また、本件「派兵」によってXらの平和的生存権やその内容としての「戦争や武力行使をしない日本に生存する権利」などを侵害されたとして、国家賠償法に基づき原告一人あたり1万円の損害賠償を求めて提訴した。

第1審判決は、差止め請求と違憲確認請求の訴えは不適法であるとして却下し、また、損害賠償請求については請求を棄却し、Xらの全面敗訴となった。そこで、Xらが控訴した。

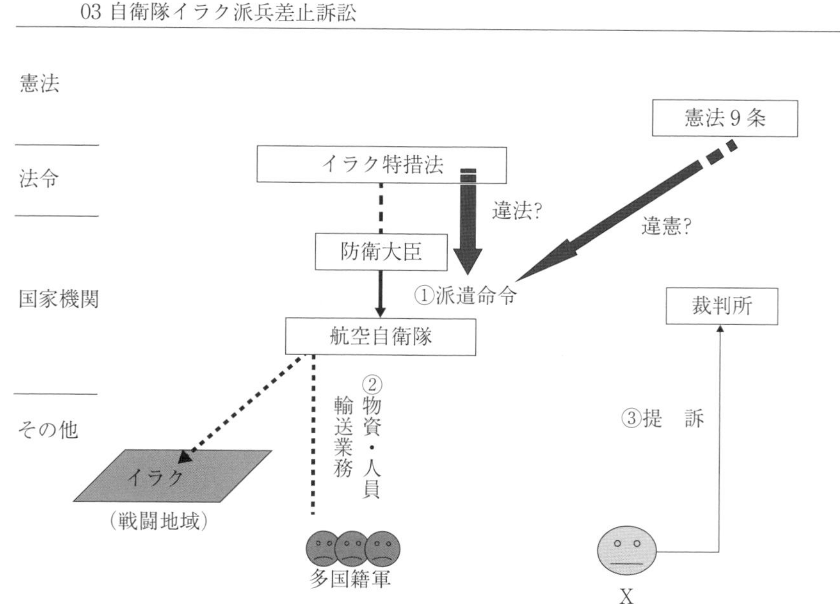

2．判決文に聞いてみよう

Q．航空自衛隊がイラクでの輸送活動をすることは憲法違反？

A．はい。航空自衛隊の活動場所であるバグダッドでは、イラク戦争終結後も国に準じる組織としての武装勢力が多国籍軍と武力紛争が行われており、イラク特措法のいう「戦闘地域」に該当します。また、航空自衛隊の輸送活動は、多国籍軍との緊密な連携を取りながら、多国籍軍の武装した兵士などを定期的に輸送するもので、多国籍軍と一体となって軍事上の後方支援活動を行なっているといえます。これは、他国による武力の行使と一体化した行動であり、憲法9条が禁止する「武力の行使」を自ら行ったと同じことです。したがって、本件での航空自衛隊の輸送活動は、憲法9条に違反し、イラク特措法にも違反するものです。

Q．裁判で平和的生存権の主張をすることはできますか？

A．はい。憲法前文に「平和のうちに生存する権利」と規定される平和的生存権には、様々な内容が含まれていますが、例えば、個人の生命や自由が侵害されたり、その危機にさらされたり、現実的な戦争等による被害や恐怖にさらされるような場合や、違法な戦争に加担・協力を強制されるような場合には、そうした侵害行為から自分を防御するために、裁判所に救済を求めるという自由権的性質が認められます。

Q．それでは、この裁判は原告Xらの勝ちですね？

A．いいえ。本件の自衛隊派遣は違憲・違法ではありますが、原告Xらに直接向けられたものではありませんし、平和的生存権やその他の権利・利益が侵害されたとまでは言えません。

⇒控訴棄却（X敗訴、確定）。

この判決のここが大事！

・自衛隊の活動が違憲・違法であると判示し、平和的生存権が具体的に保障される場合に言及した画期的な判決であるが、この点はXらの敗訴という判決の結論に影響しない。だが、勝訴した国の側は、反論のために上告することができないため、X側の「負けるが勝ち」となる。

・これとは逆に、自衛隊に関する憲法判断を避けた裁判例として恵庭事件（札幌地判昭和42年3月29日）があり、自衛隊法違反に問われた被告人が自衛隊の憲法違反を主張したが、自衛隊法の解釈のみで無罪判決を出したため、被告人が控訴できずに判決が確定した。また、自衛隊基地のための用地売買が憲法9条に違反するかどうかが争われた百里基地訴訟（最三小判平成元年6月20日）では、土地の売買契約は、国の行為であっても私人の行為と同じであり、憲法は直接適用されないとして、自衛隊が合憲かどうかの判断は示されなかった。

04. マクリーン事件（最大判昭和53年10月4日）
——外国人は日本に自由に入国できるの？

1．何が起きた？

1969年5月10日、アメリカ国籍をもつXは、語学学校の英語教師として在留期間を1年とする上陸許可を得て日本に入国した。しかし、入国後Xは、17日間で同校を退職し、無届のまま他の同種の語学学校に再就職をした。また、Xはベトナム反戦、日米安全保障条約反対、出入国管理法案反対等を訴えるデモや集会に参加していた。

1970年5月1日、Xは法務大臣Yに対して、1年の在留期間の更新を申請した。しかし、法務大臣Yは、不許可処分を行った。法務大臣Yが、Xに対する在留期間の更新を適当と認めるに足りる相当な理由があるものとはいえないと判断したのは、Xが無届転職を行ったことと、政治活動を行っていたことに基づいていた。

Xはこの処分を不服として、本件処分取消を求めて出訴した。

第1審では本件処分を取り消したが、第2審では、本件処分は法務大臣Yの自由な判断（裁量）の範囲内であり、違法ではないとして第1審判決を取り消した。

Xは、第1審判決の取消しを不服と主張し、上告した。

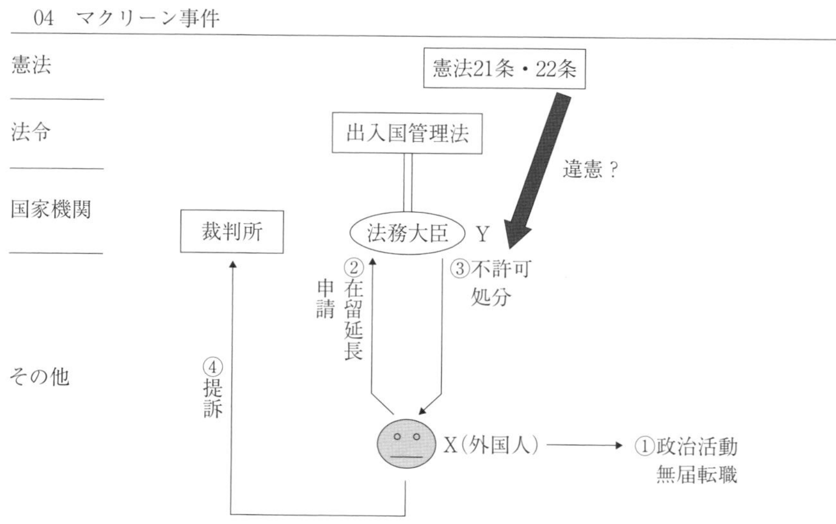

2．判決文に聞いてみよう

Q．外国人には政治活動の自由はあるの？

A．はい。外国人の基本的人権は、権利の性質を考慮して、日本国民のみが対象の場合を除き、在留外国人に対しても等しく保障が及びます。外国人の政治活動の自由は、日本の政治的意思決定や実施に、何らかの影響を与え、相当でないと判断できるような場合を除き、保障しています。

Q．外国人が日本に入国する自由はあるの？

A．いいえ。憲法22条1項は、外国人の入国の自由までは保障していません。外国人が日本に入国する場合は、国際的に理解されているルール（国際慣習法）に基づいて判断されます。

Q．この事件の法務大臣の判断はアウト？　セーフ？

A．セーフです。外国人が在留中に人権保障を受けていた行為に対して、在留期間を更新する際にも、不利益な考慮がはたらかないというところまで憲法上保障されるわけではありません。

⇒請求棄却（X敗訴）。

この判決のここが大事！

・権利の性質上、日本国民にしか保障されない人権として、参政権や社会権、入国・在留の権利などがある。

・参政権は、憲法が国民主権主義を採用していることから、外国人には保障されない。表現の自由についても参政権的意義を有する部分について保障されないとしたのが本判決である。ただし、地方選挙について法律で外国人に選挙権を付与することは憲法が禁止していないとする判例がある（最三小判平成7年2月28日）。

・公務員になる権利（公務就任権）も参政権の一つであるが、外国人が公務員になることは必ずしも禁止されない。ただし、公務員の中でも、国家の意思決定を担うこと（公権力行使）に関わるものに外国人が就任することは当然にできないとされている（当然の法理）。東京都管理職選考試験事件（最大判平成17年1月16日）では、都の職員のうち管理職については、公権力行使に関わる職とそうでない職を経験させる人事方針を採用しているとして、日本国籍を管理職選考試験の受験資格としても憲法に違反しないとされた。

・社会権に関しては、「限られた財源の下で福祉的給付を行うに当たり、自国民を在留外国人より優先的に扱うことも、許される」とした塩見訴訟（最一小判平成元年3月2日）や外国人は生活保護法上の保護の対象ではないとした判例（最二小判平成26年7月18日）などの判例がある。

05. 八幡製鉄政治献金事件（最大判昭和45年6月24日）
——会社も政治活動してよかったの？

1．何が起きた？

A株式会社は、「鉄鋼の製造および販売ならびにこれに附帯する事業」を目的として設立された会社である。1960年3月14日、A社の代表取締役Yらは、同会社の名前を用いて、政党Bに政治資金として350万円を寄付した。これに対し、同会社の株主であったXは、Yらの政治献金が、同会社の事業目的から外れており、民法43条（現行34条）に照らして無効であること、また、そのような寄付を決定した代表取締役Yらは、職務を忠実に行う義務に違反すること（当時の商法254条の2、266条1項5号）などを主張して、Yらを相手取り訴訟を提起した。

第1審判決は、政党への寄付がA社の目的外の行為であり、Yらの忠実義務違反にあたると認定しつつ、会社が実在することが、直ちに「自然人である一般社会人と同様の生活領域と権利能力を有すると結論することはできない」などと述べて、Xの訴えを認めた。これに対して、第2審判決では、会社の政治資金の寄附行為が、会社の目的内の行為であるから、Yは職務義務の責任を負わないとして、第1審判決を取り消した。

これを不服としてXは上告した。

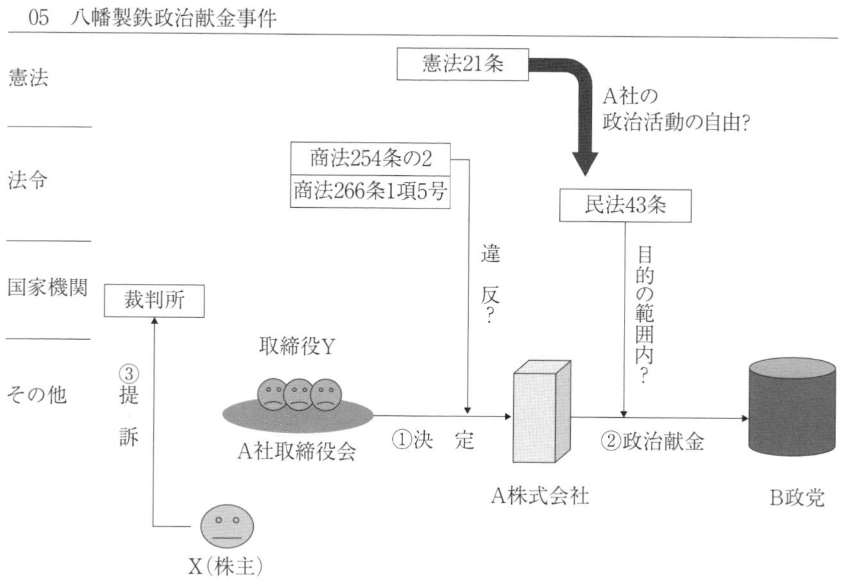

2．判決文に聞いてみよう

Q．会社も普通の人間と同じように人権が保障されるの？

A．はい。会社（法人）も普通の人間（自然人）と同様に人権が保障されます。したがって、憲法上の人権の規定は、会社にも「性質上可能な限り」適用されます。

Q．会社が特定の政治団体に政治献金することは可能なの？

A．はい。会社も社会で活動する存在として、社会的役割を果たすことが期待されます。そのために、会社が相当な程度の金品を寄附することは、会社として当然のことであるとされます。このことは、会社が政党に政治資金を寄附する場合にも当てはまります。政党は、議会制民主主義を支えるために不可欠な存在であり、国民の政治意思形成のための最も有力な媒体です。そのため、会社が政党の発展のために貢献することは、会社の社会的役割として期待されています。それだけではなく、憲法上では、会社による政治献金と個人による政治献金が区別されていないので、会社にも個人と同様に政治献金を行う自由があります。

Q．では、八幡製鉄の政治献金は会社の正当な目的と言えるってこと？

A．はい。本件では、会社が自らの社会的役割を果たすために政治献金を行ったと認められる限りにおいては、会社の規則に定められた「目的の範囲内」の行為であると言えます。

⇒上告棄却（X 敗訴）。

この判決のここが大事！

・最高裁は法人（団体）の人権の享有主体性を認めた。

・団体の行為について、国労広島地本事件（最三小判昭和 50 年 11 月 28 日）は、団体に人権保障が及ぶとしつつ、団体の構成員の人権との関係でその限界を示している。

・団体の行為が、「目的の範囲内」か「目的の範囲外」で対照的な事件として、政治献金が問題となった南九州税理士会事件（最三小判平成 8 年 3 月 19 日）と震災で被災した同業団体への慈善寄付が問題となった群馬司法書士会事件（最一小判平成 14 年 4 月 25 日）がある。両者とも法律によって設立された強制加入団体であるが、前者は「目的の範囲外」とされ、後者は「目的の範囲内」とされている。

06. 堀越事件（最二小判平成 24 年 12 月 7 日）
――成せば成る、こともありうる、国公法

1．何が起きた？

Y は、国民年金の相談に応じる業務を担当する国家公務員である。その業務は、手続が法令で詳細に定められるなど、Y の自由な判断が全くないものであった。また、Y には、年金の支給額を変更したり、保険料を徴収したりする権限も与えられていなかった。

Y は、2003 年の衆議院議員総選挙にあたり、A 政党を支持する目的をもって、休日に政党機関紙を東京都 B 区内のマンションに配布するなどの行為を行った。B 区は Y が勤務する事務所が担当する地区から遠く離れていた。

国家公務員法（国公法）102 条 1 項では、国家公務員が政治的行為をすることを禁止しているが、Y の行為はこれに違反するとして起訴された。

第 1 審判決は Y を有罪としたが、第 2 審判決は、機械的な業務を行う Y が、休日に勤務先と無関係な地域で機関紙を配布しても、公務員の政治的中立性や国民の信頼を損ねる危険性はないとして、この場合の Y に罰則規定を適用することは、憲法 21 条や 31 条に違反するとして、無罪の判決を言い渡した。これに対して、検察官が上告した。

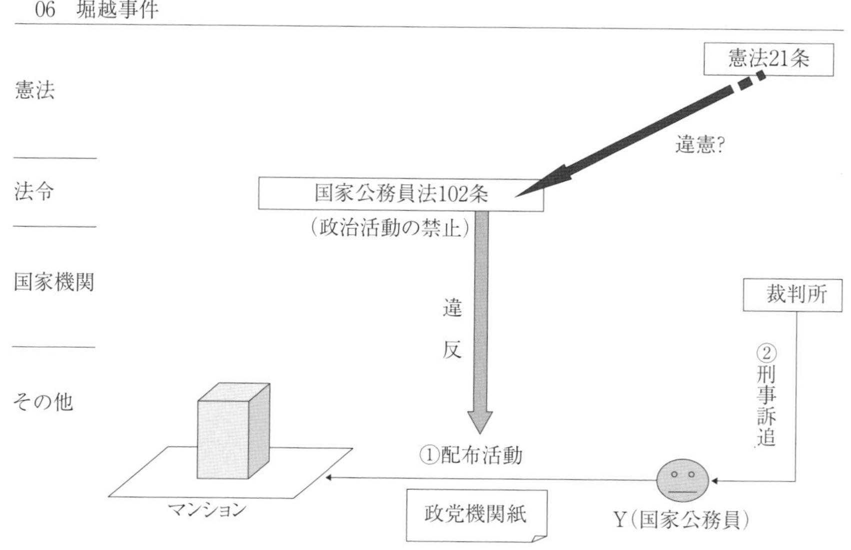

2．判決文に聞いてみよう

Q．公務員には一切の「政治的行為」が禁止されているのですか？

A．いいえ。国公法が政治的行為を禁止するのは、一般の公務員が政治家からの影響を受けずに（政治的中立性）、行政の中立的運営を確保して国民からの信頼を維持するためのものです。その一方で、公務員にも国民としての政治活動の自由（憲法 21 条）が保障されますから、その制約は必要やむを得ない限度に限られます。そして、法律が禁止する「政治的行為」とは、公務員の職務の遂行の政治的中立性を損なう危険性がはっきりと実際に分かるレベルのものでなければなりません。この限度で、政治活動が禁止されるのです。

Q．実際に禁止されるレベルのものかを判断する基準はありますか？

A．はい。その公務員の地位や職務の内容、その公務員がした行為の性質、目的などを考慮して総合的に判断していきます。具体的には、その公務員について、他の職員を指揮したりする管理職的地位にいるかどうか、職務の内容がどういったものか、自由な判断が許される業務かどうか、また、その公務員の行為について、仕事中か、職場で行っているのか、公務員としての地位を利用しているのか、組織立った活動なのか、周囲から公務員と認識される状況か、行政の中立的運営に直接反する目的や内容があるか、などといったことが考慮の対象となります。

Q．この事件の場合、Y は無罪ですか？

A．はい。Y は、管理職的地位になく、その職務の内容や権限に裁量の余地がありません。また、A 政党機関紙の配布行為は、職務と全く無関係に行われていて、公務員の組織立った活動として行われた訳でなく、公務員と認識される状況で行われたものでもありません。したがって、公務員の政治的中立性を損なうおそれが実質的に認められるものではないですので、Y の行為は、国公法の禁止規定には合致しません。

⇒上告棄却（Y は無罪だが、理由付けが第 2 審とは少し異なる）。

3．もう一歩先の勉強のために

Q．以前にも似たような事件はありましたか？

A．はい。北海道猿払村で、当時は国家公務員だった郵便局員が、選挙用掲示板に候補者のポスターを貼るなどの政治的行為を行ったとして、国家公務員法違反に問われた猿払事件があります。

Q．猿払事件の被告人は無罪になったのですか？

A．いいえ。猿払事件で最高裁は、国家公務員法による政治的行為の禁止が合理的で必要やむをえない限度にとどまるかどうかについて、①禁止の目的、②この目的と禁止される政治的行為との関連性、③政治的行為を禁止することにより得られる利益と禁止することにより失われる利益との均衡の３点から検討する「猿払三基準」を示します。そして、この判断基準に照らして、国公法による政治的行為の禁止が憲法 21 条に違反しないと判断し、被告人の行為を有罪とします。

そこでの判断は、「政治的行為」の範囲に限定を付さない非常に広い解釈をとっており、公務員の政治的行為を一律に禁止しても憲法上許容されると判断したと理解されることが多いです。

裁判官の政治活動に対する懲戒処分が問題となった寺西判事補事件（最大決平成 10 年 12 月 1 日）でも、猿払事件と類似した判断枠組みが示されています。

Q．今回の事件で、最高裁は猿払事件の考え方を放棄したのですか？

A．いいえ。最高裁は、堀越事件でも猿払事件を引用して、国公法による規制が合憲との判断を示しています。ただ、猿払事件の場合は、公務員が組織する団体の活動として、一般人に容易に認識され得るような態様で政治的行為を行っていたので、事案を異にするため、有罪か無罪かの判断が異なるのだとしています。堀越事件での最高裁の判断の特徴は、国公法が憲法違反かどうかを問う前に、国公法が制定された目的や趣旨、法律の構造などを検討して、適用範囲を具体化してから、違憲かどうか、有罪か無罪かの判断をしているところです。

猿払事件では、最初の検討をスキップしているので、適用範囲がかなり広くなっても憲法違反にならないかのように見えてしまうというのが、千葉勝美裁判官の補足意見での説明です。

これに対し、猿払事件での考え方が放棄（判例変更）されたとする見方も存在します。

Q．いわゆる合憲限定解釈をしたのですか？

A．いいえ。合憲限定解釈というのは、そのままでは憲法違反となりそうな条文について、裁判所が限定的に解釈して違憲の判断を避ける手法ですが、堀越事件では憲法違反かどうかの判断の前の「下ごしらえ」として、その適用範囲の絞込みをしています。というのも、国公法が憲法 73 条 4 号の「官吏に関する事務を掌理する」基準を定める「基本法」であることから、まずはそうした解釈をしたものと考えられます。そのときには、もちろん憲法の規定の趣旨などを踏まえますが、これを合憲限定解釈とは区別して、「憲法適合的解釈」と呼ぶことがあります。

Q．堀越事件の判断基準で有罪判決が出た事例はありますか？

A．はい。堀越事件と同じ日に判決が出された世田谷事件では、状況はほとんど同じですが、それを行ったのが、他の職員を指揮したりする管理職的地位にいる国家公務員であったということで、政治的中立性を損なうおそれが実質的に認められるとして、有罪の判断が示されています。

Q．堀越事件では、警察の捜査に問題があったとされたそうですが？

A．はい。最高裁の判決に直接の影響はありませんが、警察が被告人に狙いを定めてずっと尾行していたことが明らかになっています。そもそも、大都会で勤務時間外に無言でマンションの郵便受けにビラを入れている人が公務員だと気付く人はほとんどいないでしょう。その点が、人口 5000 人ほどで、近所の人の顔をよく知っている地域で起きた猿払事件との違いではないでしょうか。

Q．第 2 審の判決も無罪との結論ですが、最高裁とは理由付けが異なるのですか？

A．はい。第 2 審判決（東京高判平成 22 年 3 月 29 日）は、国家公務員法自体は合憲であると判断しつつ、本件の被告人のように、管理職でもない公務員が、休みの日に一人で、誰からも公務員の政治活動であると分からない状況で行っている政治活動についてまで罰則規定を適用することは、憲法違反となると述べています。こうした判断の仕方を「適用違憲」といいます。

Q．適用違憲とは、どのようなものですか？

A．裁判所で扱っているその事件の当事者にある法令が適用される限りで違憲となるという判断手法で、適用される法令そのものを違憲と判断する「法令違憲」と区別されます。法令違憲の判決には、【13】尊属殺重罰規定違憲判決、【14】国籍法違憲判決、【15】法定相続分差別違憲決定、【16】再婚禁止期間違憲訴訟、【34】薬事法距離制限判決、【35】森林法共有林事件、【45】在外国民選挙権訴訟、【46】議員定数訴訟などがあります。

適用違憲の判決としては、猿払事件第 1 審判決（旭川地判昭和 43 年 3 月 25 日）や全逓プラカード事件第 1 審判決（東京地判昭和 46 年 11 月 1 日）、【37】第三者所有物没収事件などが挙げられますが、厳密に見ると判断の枠組みはそれぞれ異なるので注意が必要です。

Q．国家公務員法 102 条 1 項は「人事院規則で定める政治的行為」を禁止していますが、人事院規則とは何ですか？

人事院は国家公務員法によって設置される専門的な行政機関で、内閣から独立して国家公務員に関わる行政を担当しています。その人事院による立法が人事院規則です。人事行政は専門的技術的な判断が必要ですので、そのすべてを国会が法律で規定するのは難しいため、専門機関である人事院に立法を委任しているのです。ただし、立法権は国会が独占すること（国会中心立法の原則）が憲法 41 条により規定されていますので、立法権を「丸投げ」（白紙委任）することは許されません。

この判決のここが大事！

・公務員の憲法上の権利制約が問題となった事例として、【07】全農林警職法事件や【19】君が代起立斉唱職務命令事件などがある。公務員の政治活動の自由は、その職務の政治的中立性の保持とそれに対する国民の信頼を維持するために制約を受けるが、従来の判例である猿払事件は、そのための制約手段をかなり広範に認めた判例として理解されてきた。その点、本判決はその適用範囲を絞り込み、公務員の政治活動が可能な領域を示したという意味で評価される。しかし、それよりも猿払事件を見直して、判例変更すべきであったとの批判も多い。

07. 全農林警職法事件（最大判昭和48年4月25日）
——公務員は労働者ではないの？

1．何が起きた？

Yは全農林労働組合という農林省（当時・現在は農林水産省）の職員等が組織する労働組合の幹部である。1958年、組合は警察官の職務の仕方や権限について定めた法律である「警察官職務執行法」の改正に反対するためにストライキをすることを決めた。

ストライキとは、労働者が使用者と交渉するための武器として、仕事をしないことである。それにより、使用者にプレッシャーを与え、労働者の要求を使用者に飲ませることが目的である。労働者には憲法・労働法によって認められているが、公務員には規制されている。

Yらは組合の決定に従い、ストライキ行動として、勤務時間内に「警職法改悪反対」職場集会を行うことにし、メガホンを使うなどして農林省の職員に職場集会への参加を呼びかけた。そのためYら5名が、国家公務員法98条5項、110条1項17号（以下、国公法）（ストライキを煽る行為の禁止）に違反したとして起訴された。

第1審では国公法110条1項17号で規定されている行為であっても違法性が強い場合のみ処罰すべきであると限定的に解釈して、Yらを無罪とした。第2審では、ストライキを煽る行為はストライキ行為そのものよりも違法性が強いので、限定的に解釈する必要はなく、しかもストライキの目的が経済条件を争うものではないいわゆる「政治スト」でもあるので正当性がないとした。そこで、第1審判決を破棄し、Yらに罰金5万円とした。Yらが上告した。

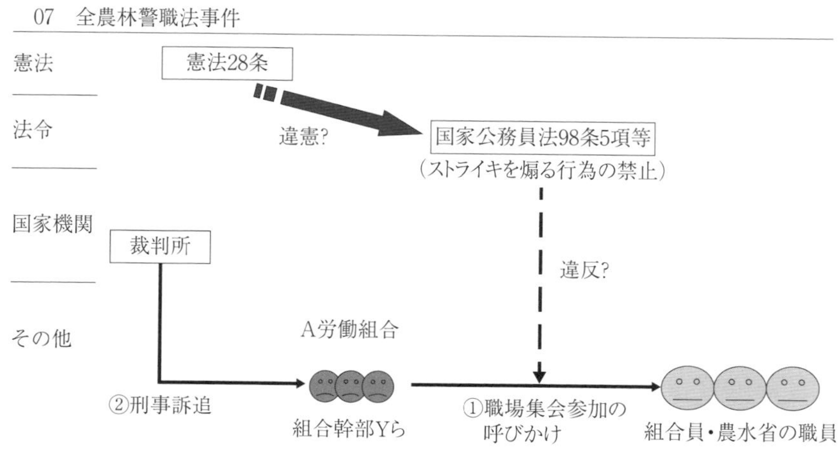

2．判決文に聞いてみよう

Q．公務員には労働基本権はないの？

A．いいえ。公務員も勤労者として、自己の労務を提供することにより生活の資を得ているものである点において一般の勤労者と異なるところはないから、憲法28条の労働基本権の保障は公務員に対しても及びます。

Q．公務員はストライキをしていいの？

A．いいえ。公務員は私企業の労働者と異なり、その使用者は国民全体なので、以下の4点の理由からストライキは行なえません。

①公務員の仕事は公共性があり、国民全体に対して責任を負うものです。そのため、公務員の労働基本権には「必要やむをえない限度の制限」が課せられます。

②私企業で働く労働者と異なり、公務員の勤務条件は、使用者との交渉で決まるものではなく、国会の定める法律や予算によって決まります。それゆえ、使用者に圧力をかけて勤務条件の変更を迫るストライキは的外れであり、認められません。

③私企業ならばストライキに対して「作業所」を「閉鎖」するなどして対抗できるし、過大な要求を受け入れたら、企業そのものの存立が危なくなるので、おのずと制約が働きます。それに対し公務員はそのような制約が働かないので、ストライキが規制されないならば、「一方的に強力な圧力」になってしまいます。

④公務員は労働基本権が制約される代わりに、「身分、任免、服務、給与その他」の勤務条件について法律で定め、人事院という公正・中立な機関を設けて、何か不利益な処分をされた場合、そこが審査することにより労働条件が守られます。

⇒上告棄却（Yらは有罪）。

この判決のここが大事！

・公務員の労働基本権の流れは3期に分けて説明される。公共の福祉や全体の奉仕者といった考えで禁止していた1期。規制が必要最小限度かを問うことによって、労働基本権を保障しようとした都教組事件（最大判昭和44年4月2日）などに代表される2期。一転して規制を強める3期の画期となったのが本判決である。

08. 三菱樹脂本採用拒否事件（最大判昭和48年12月12日）
——大学時代のことを隠して、本採用拒否って本気ですか？

1．何が起きた？

1961年、東北大学に在学していた原告Xは、被告Y会社（三菱樹脂株式会社）が行った社員採用試験に合格した。このときの採用条件は、はじめの3か月は試用期間を設けるもので、この試用期間が満了した後に、本採用するというものであった。翌1962年、Xは、大学を卒業し、そのままY会社に入社した。Xは、採用条件にあった試用期間が終了する直前に、Y会社から本採用を拒否する告知を受けた。Y会社がXの本採用を拒否する理由は、Xが、採用試験の際に、日米安全保障条約改定反対の推進をはじめとした、無届デモやピケ等（参加者の中には住居侵入罪によって有罪判決を受けた者もいる）に参加する等の様々な違法な学生運動を行ったにもかかわらず、これら不都合なことを隠したことにある。

Xは、Y会社の告知に納得することができなかったので、Y会社との雇用関係が存在していることの確認を求めて提訴した。

第1審は、雇用契約上の権利があることを認めた上で、Xの請求の大筋を認めた（一部容認・一部棄却）。第2審は、Y会社の控訴を棄却して、第1審で棄却したXの請求を含めて、Xの主張を全面的にを認めた。これに対して、Y会社は、憲法19条・14条の規定は、国家対個人の関係において適用されるもので、私人間の関係に直接的に適用されないとして、上告した。

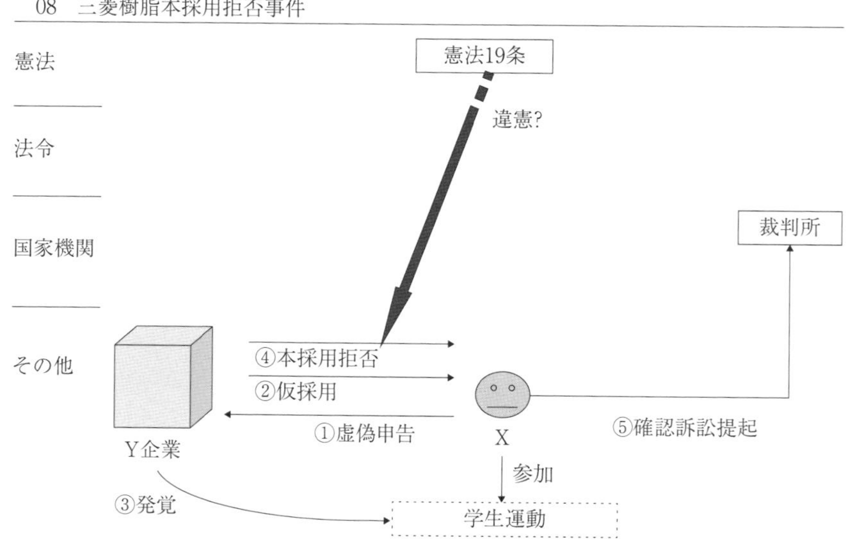

2．判決文に聞いてみよう

Q．憲法は、X と Y 会社の問題（私人間の関係）に直接適用されますか？

A．いいえ。憲法 19 条（思想・信条の自由）や憲法 14 条（法の下の平等）をはじめとした憲法が規定する自由や平等は、国または公共団体が権力を行使することに対して、個人の基本的な自由と平等を保障するものです。したがって、憲法上の自由や平等の規定は、国または地方公共団体と個人との関係を規律するものですので、私人同士の関係を直接的に規律するものではありません。

Q．では、X と Y 会社の問題に憲法は間接的に適用されますか？

A．はい。まず、私人間の関係において、憲法 19 条や憲法 14 条が問題にするような個人の自由や平等が侵害され、かつ、その内容が社会的に許容できない場合、法律等によって救済することになります。このとき、場合によっては、私的自治に対する一般的制限規定である民法 1 条、公序良俗を規定する民法 90 条、そして不法行為に関する民法の諸規定等を通じて、憲法上の自由や平等の規定を間接的に適用することもあります。このように、私的自治の原則を尊重しながら、社会的許容性を超えるような権利侵害に対して、個人の基本的な自由や平等を保護することで、両者の適切な調整を図る方法もあります。

しかし、注意しないといけないことは、私人間の問題に民法の規定を通じて、憲法上の自由や平等の規定を適当する場合、国や地方公共団体と個人との関係における問題と、同じ基準や考え方を用いてはならないという点です。

Q．そもそも企業が、採用する際に、労働者の思想等の調査を行うことは許されますか？

A．はい。憲法は、憲法 19 条や憲法 14 条だけでなく、財産権（憲法 29 条）や営業その他広く経済活動の自由（憲法 22 条）等も保障しています。したがって、企業は、誰を、どのような条件で雇うのかについて、自由に決めることができます（契約締結の自由）。そのため、企業が、特定の思想・信条を持つ人の採用を拒否しても、当たり前のこととして、違法と判断することはできないです。同様に、憲法 14 条から考えてみても、私人間の問題を直接禁止しません。たしかに、労働基準法は、労働者の信条によって差別することを禁止していますが、これは、雇入れ後の場合の話です。

したがって、この事件のような雇入れ（採用試験）のときに、応募者の思想・信条を調査し、そのための関連する事項について申告を求めることは、法律で禁止されていません。

Q．試用期間後の本契約を取消した Y 会社の行動は問題ありませんか？

A．いいえ。1 つ前の質問で説明しました通り、雇入れの際には、会社は広い範囲の自由を持っています。しかし、いったん雇用し、会社と労働者の間に雇用関係ができたら、会社が雇入れの時に持っていた自由は制限されます。たしかに、この事件の原告 X は試用契約ではありました。しかし、Y 会社ではこれまで試用期間の後は本契約になることが慣習でしたので、X の雇用契約は、会社の自由が制限される「雇入れ後の解雇」とみるべきです。

もともと会社は、試用期間中に社員として不適格だと見なされた場合には、解約する可能性があることをXに伝えていました。これについては、試用期間中に問題を見つける可能性がある以上、合理的といえるでしょう。ですが、試用契約を結んだ労働者は、会社と本契約を結ぶことを期待して、ほかの会社への就職の機会を放棄しています。したがって、試用期間後の解約は、客観的に見て相当であると認められる場合以外には認めることはできません。

Q．では、今回のXの解雇は不当ですよね？

A．いいえ。不当とはいえません。たしかに、採用試験の際に、Xが不都合なことを隠していたことにより、Y会社が「信用できない者」とXを評価することは当然といえます。ですが、こうした評価を下すためには、隠していたことの内容や程度、そして隠した動機等を明らかにして、その上で、入社後のXの行動や態度等を総合的に考える必要がありました。

⇒破棄差戻し（後に高裁で和解）。

3．もう一歩先の勉強のために

Q．こうした私人間に憲法を間接適用した事件は他にもありますか？

A．はい。特に、「憲法上の条文について、民法の規定等を用いて、私人間の問題にも間接的に適用することができる」という点について、他にも判決があります。

例えば、1981年の日産自動車男女別定年制事件最高裁判決（最三小判昭和56年3月24日）があります。この事件では、被告会社の「従業員は、男子満55歳、女子満50歳をもって定年として、男子は満55歳、女子は満50歳に達した月の末日をもって退職させる」という男女別定年制を設ける就業規則が問題になりました。

Q．どのような判断が示されましたか？

A．最高裁は、少なくとも60歳前後までは、男性も女性も、通常の職務であれば、要求される職務遂行能力が欠けることはないということを確認しました。その上で、各個人の労働能力の差異に応じて別々に取り扱われるならまだしも、「女性だから」として、一律に従業員としての能力がないと見なして、会社を辞めさせる理由はないとしました。したがって、最高裁は、被告会社が定年退職の年齢について、女性を差別しないとならない合理的な理由はないと判断しました。そして、最高裁は、被告会社の就業規則において、女性の定年年齢を男性より低く定めた部分に対して、性別のみを理由にした不合理な差別であり、民法90条の規定に違反するので無効であるとしました。

この判決では、民法90条に憲法14条を読み込んで差別を認定したといえるので、民法90条を通じて、憲法14条が間接的に私人間の関係に適用されたとみることができます。

Q．そもそも、何で憲法は私人間に直接適用されないのですか？

A．もともと憲法の役割は、国家権力をコントロールすることにありますので、それと異なる私人に憲法を適用することは適当ではありません。また、私人間には私的自治の原則が及びますので、法的紛争は民法などを通じた当事者間での解決が求められます。憲法を私人間に適用するとなると、私人間の自由な領域に国家権力が介入してくる危険性が生じてきます。そのため、憲法は直接私人間に適用されないとするのが原則です。

Q．私人間の争いごとに、憲法は全く使えないということですか？

いいえ。今日では大企業など大きな社会的権力を有する存在が登場しており、対等な関係が期待できない事例もあり、私人間での話合いによる解決に委ねていては、解決にならないことが多く起こっています。また、人権についての考え方はどこでも通用するものですので、国家権力からの侵害に限定する必要はありません。さらに、私人間を規定する民法も、最高法規である憲法の下にありますから、その解釈も憲法の理想とする内容に沿って行われなければなりません。私人間で憲法は使えないという建前を維持しながら、憲法の理想とする内容を私人間でも実現しようとするのが、間接適用説なのです。

Q．条文の内容によっては、憲法の条文であっても直接適用できるものもあるのですか？

A．はい。奴隷的拘束や意に反する苦役の禁止を定めた18条や労働基本権を規定した28条などは、私人間であっても適用可能な条文とされています。

Q．裁判所は、どんな私人間の法的問題にも関与できるのですか。

A．いいえ。憲法の間接適用をするかどうか以前の問題として、私人間の争いのうちで、通常の社会とは異なるルールを持っている団体（大学、宗教団体、政党、地方議会など）の中での問題については、その自律的な解決に委ねて裁判所として原則的に関与しないとすることになっています（部分社会の法理）。代表的なものに富山大学事件（最三小判昭和52年3月15日）、共産党袴田事件（最三小判昭和63年12月20日）などがあります。また、宗教団体内部の争いについては、「板まんだら」事件（最三小判昭和56年4月7日）や日蓮正宗管長事件（最三小判平成5年9月7日）のように、宗教的教義に関する判断が不可欠ですが、こうした問題に裁判所が立ち入ることはしません。

この判決のここが大事！

・三菱樹脂採用拒否事件において、最高裁は、私人間の関係の争いに対しても、民法90条のような私法の一般条項を通じて、間接的に適用した。この最高裁の判断（間接適用説）は、1974年の昭和女子大事件（最三小判昭和49年7月19日）などでも採用されている。

09. 京都府学連事件（最大判昭和44年12月24日）
――私を勝手に撮らないで

1．何が起きた？

1962年、A大学の学生Yは、京都府学生自治会連合（京都府学連）が主催したデモ行進（大学管理制度改革への反対を主張）に、他の学生およそ1300人とともに参加し、A大学の学生集団およそ1000人の先頭に立って、隊列を誘導していた。

今回のデモ行進は、京都府の条例にもとづき、京都府公安委員会により「行進隊列は4列縦隊とする」という許可条件が付され、道交法77条にもとづき、京都府中立売警察署長により「車道の東側端を進行する」という許可条件が付されていた。

デモの当日、デモ行進が許可条件に違反していないか見回っていた警察官は、許可条件に違反したと判断し、デモの先頭の行進状況を歩道上から写真撮影を行った。

これに対し、Yは撮影を行った警察官に「どこのカメラマンか」と抗議した。しかし、警察官が抗議を無視したため、Yは腹が立ち、デモ行進の際に使用していた旗竿の根元で警察官の下あごを一突きし、全治約1週間の怪我を負わせた。これによって、Yは、傷害罪・公務執行妨害罪の容疑で逮捕・起訴された。

Yは、第1審、第2審ともに有罪とされた。そこで、Yは、警察官の写真撮影は、同意なく写真撮影をされない権利を保障する憲法13条や令状主義を保障した憲法35条に違反し、違法な公務であるため、公務執行妨害罪は成立しない等と主張し、上告した。

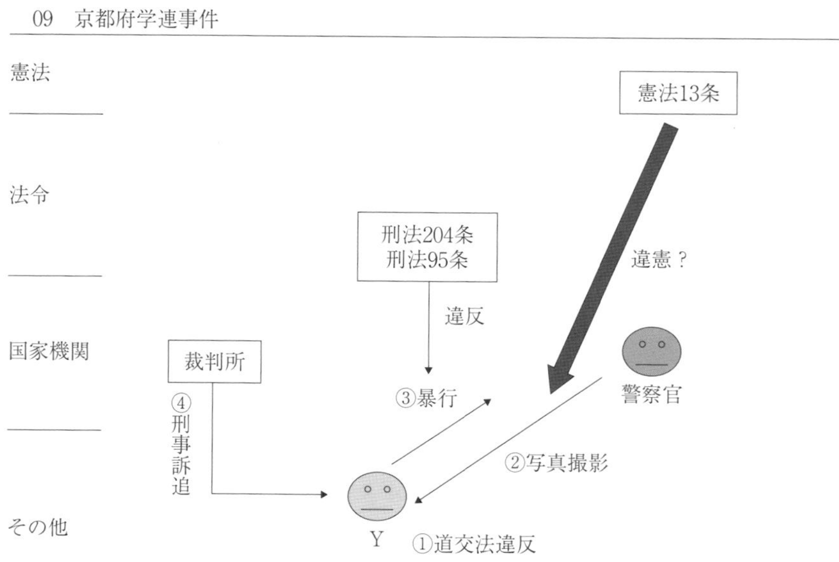

2．判決文に聞いてみよう

Q．憲法 13 条は同意なく写真撮影されない自由を保障するの？

A．はい。憲法 13 条は、国民の私生活上の自由が、警察権等の国家権力の行使に対しても保護されるべきことを規定しています。そして、個人の私生活上の自由の一つとして、誰しも、本人の同意なしに、みだりにその顔や姿かたちを撮影されない自由があります。それゆえ、警察官が、正当な理由もないのに、個人の顔や姿かたちを撮影することは、憲法 13 条の趣旨に反し、許されません。

Q．同意なく写真撮影されない自由があるとして、限界はあるの？

A．はい。同意なく写真撮影されない自由も、国家権力の行使から無制限に保護されるわけでなく、憲法 13 条の規定に照らせば、公共の福祉のため必要のある場合には相当の制限を受けることになります。

Q．この事件の警察官の撮影はアウト？　セーフ？

A．セーフです。犯罪を捜査することは、公共の福祉のため警察に与えられた国家作用の一つであり、警察にはこれを遂行する責務があります。警察官による個人の顔や姿かたち等の写真撮影は、①現に犯罪が行なわれもしくは行なわれたのち間がないと認められる場合であって、②しかも証拠保全の必要性および緊急性があり、③かつその撮影が一般的に許容される限度をこえない相当な方法をもって行なわれるときは、撮影される本人の同意がなく、また、裁判官の令状がなくても憲法 13 条、35 条に違反しません。

⇒上告棄却（Y は有罪）。

この判決のここが大事！

・最高裁は、憲法 13 条を根拠として、個人はみだりにその容ぼう等を撮影されない権利を有するとする。一般にこれを肖像権と呼ぶ。しかし、同意なく写真撮影されない自由があるとしても、「公共の福祉」により制限されることがある。本判決ではその一例として、警察官による個人の容ぼう等の写真撮影が許容される限度を示した。本判決は、憲法 13 条を根拠にして「肖像権」の保障とその限界を示した。これはプライバシー権の一部として認識しうる権利である。

・判例により、憲法 13 条から「新しい人権」としてプライバシー権が導き出されるが、その内容は、①みだりに私生活を公開されない権利（静穏のプライバシー権）、②自己情報コントロール権（情報プライバシー権）、③自己決定権に分類される。①については、モデル小説によるプライバシー権侵害が問題となった「宴のあと」事件（東京地判昭和 39 年 9 月 28 日）や「石に泳ぐ魚」事件（最三小判平成 14 年 9 月 24 日）が代表的な事例である。なお、②については、【10】前科照会事件、③については、【11】エホバの証人輸血拒否事件で扱っている。

10. 前科照会事件（最三小判昭和56年4月14日）
——勝手に前科があること教えないでよね！

1．何が起きた？

京都のとある自動車教習所のインストラクターXは、教習所から解雇されたことに納得できないとして争っていた。ところがその途中、教習所側から再び解雇の通知が出されてしまった。

なぜ、再び解雇の通知が出されたのかといえば、教習所側の弁護士が弁護士会を通じて、「中央労働委員会、京都地方裁判所に提出するため」という理由を示して、Xの住所のある役所YにXの前科情報を照会した。これを受けてYは、保管していた犯罪人名簿を調べ、Xに道交法違反11犯、業務上過失傷害1犯、暴行1犯の前科があると弁護士会に回答した。

この回答でXの前科を把握した教習所は、それを隠していたとして再び解雇を通知したのであった。

これに対してXは、市民にとって前科情報がプライバシーに深く関連するもので、Yは照会を断るべきであったとして、Yに損害賠償を求めた。

第1審は、照会理由に「裁判所に提出するため」とあり、前科情報がプライバシーを侵害するために使われるとYには考えられなかったとして、Xの請求を認めなかった。

しかし、第2審は、個人のプライバシーに優先する公共的な利益があるかどうかをYは考えなければならなかったが、そうしなかったとしてXの請求を認めた。これを受けてYが最高裁に上告した。

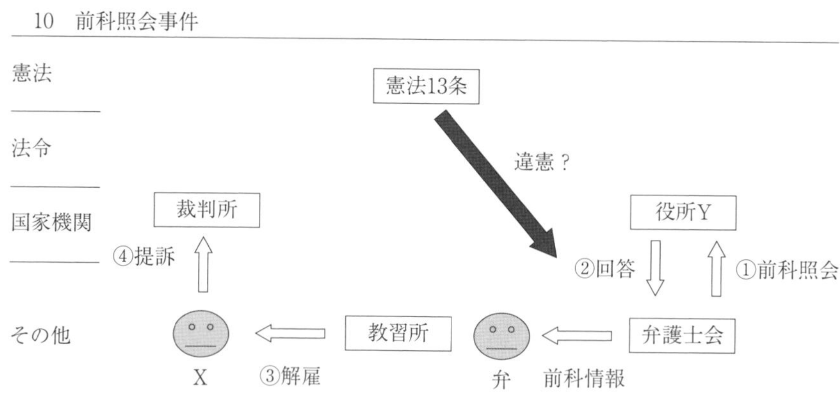

2．判決文に聞いてみよう

Q．役所は前科情報を他人に教えちゃいけないの？

A．はい。前科に関する情報は、本人の名誉や信用に直接かかわってきます。

なので、たとえ前科があったとしても、その人には前科情報をみだりに公開されない利益が認められます。役所が前科情報をみだりに他人に教えていけないことは当たり前のことです。

Q．弁護士会からの問い合わせだったらすぐ教えていい？

A．いいえ。前科情報の取り扱いには「格別の慎重さ」が求められるので、本当に教える必要があるのかどうかを考える必要があります。

たとえ弁護士会からの問い合わせであったとしても、公正な裁判を実現するために必ずその前科情報がどうしても必要であったり、その情報以外の他の手段で立証できないといった場合に限り、必要かつ最小限度の範囲内で教えることができるだけです（伊藤正己補足意見）。

Q．この事件で役所が前科情報を教えたのはアウト？　セーフ？

A．アウトです。このケースでＹが「中央労働委員会、京都地方裁判所に提出するため」という漠然とした問合せ理由に基づいて、Ｘの前科情報すべての教えてしまったのは、上で述べた「格別の慎重さ」に欠けています。

よって、ＹがＸの前科情報を弁護士会に回答したことは違法です。

⇒上告棄却（原告勝訴）。

この判決のここが大事！

前科情報や犯罪経歴は人の名誉や信用に直接関わるものであり、それらをみだりに公開することは許されない。そのため、それら情報を扱う際には、本当に公開する必要があるか、もし公開する必要があるとしても必要最小限度の情報になっているかなどを検討する「格別の慎重さ」が要求される。ちなみに、伊藤正己補足意見では、前科情報は個人のプライバシーのなかでも「最も他人に知られたくないものの一つ」とされている。

11. エホバの証人輸血拒否事件（最三小判平成 12 年 2 月 29 日）
――輸血か死か……それが問題だ

1．何が起きた？

キリスト教系の宗教団体「エホバの証人」は、信仰の教えとして、輸血を拒否する立場をとっていた。1995 年、「エホバの証人」の熱心な信者であるＸは、肝臓ガンと診断され、輸血を伴う手術の必要があると告げられた。

Ｘは、国立Ｂ大学病院の医師Ｙらに対して、「死んでも輸血してもらいたくない」旨の意思表明をしており、Ｙもこれを理解していた。

しかし、病院側は、手術の際に輸血以外に救命手段がない場合には、本人や家族の意思にかかわらず輸血するとの方針を採っていた。今回も輸血の準備をして手術に臨んだところ、Ｙは、輸血せずにＸを救うことは難しいとの判断で輸血を行った。

手術後、これを知ったＸは、精神的損害を被ったとして、Ｙらの輸血行為は憲法 13 条の自己決定権および 20 条の信教の自由で保障される宗教上の良心を侵害する不法行為だとして、ＹおよびＢ大学病院の設置した国に対して損害賠償請求を求めた。

第 1 審はＸ側の請求を棄却したが、第 2 審は、第 1 審判決を変更し、Ｘの自己決定権を認め、Ｙおよび国に対して 55 万円の支払いを命じた。Ｙと国側は、これを不服として上告した。なお、Ｘは控訴審の途中で亡くなっており、遺族が訴訟を受け継いだ。

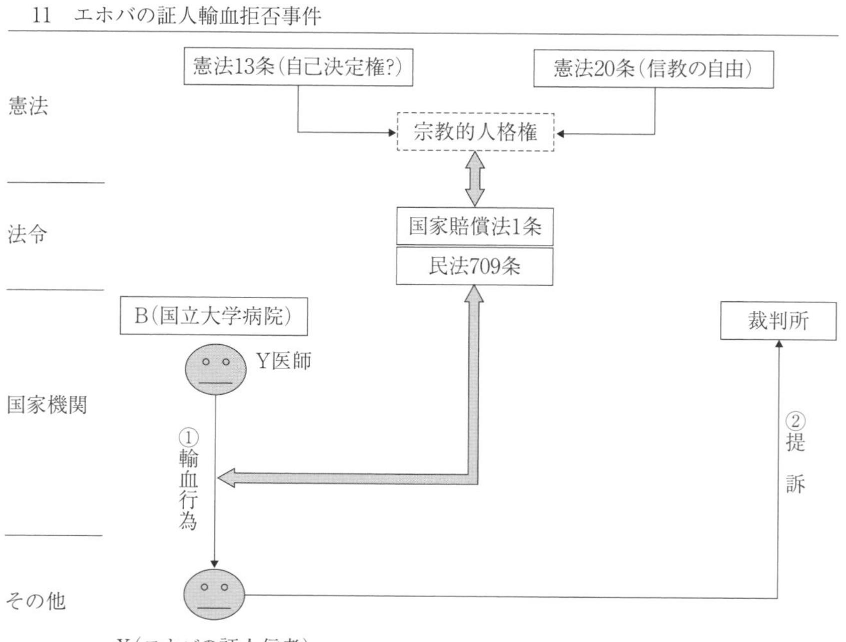

2．判決文に聞いてみよう

Q．宗教上の信念を理由に輸血を拒否する権利は許されるの？

A．はい。患者は、宗教的信念に基づく輸血拒否を憲法 13 条の自己決定権と 20 条の信教の自由に基づいて主張しました。最高裁は、自己決定権のかわりに、X らしさを保つための「人格権」に含まれる内容として、「輸血を伴う医療行為を拒否する」という「意思決定の権利」は尊重されるとしました。

Q．患者の生命が危なくても輸血してはダメ？

A．いいえ。もちろん、事故等で患者の意思確認できない場合には、輸血することができます。しかし、通常、医師が医療行為をするにあたっては、患者に事前に治療方針や内容を説明し同意を得る必要があります（インフォームド・コンセント）。今回の場合、医師が、生命の危険がある時は輸血するとの説明を怠り、患者の事前の承諾を得ずに輸血してしまったことが問題でした。

Q．担当医師が輸血をしたことはアウト？　セーフ？

A．アウトです。確かに患者の生命を助けるために輸血することはやむをえなかったかもしれません。しかし、患者は事前に輸血を拒否する意思を示しており、その権利は尊重されなくてはなりません。医師らは、万一の場合には輸血する方針を患者に説明し、その方針の諾否を患者に委ねるべきでした。よって、患者の承諾を得ずに、無断で輸血してしまったことは医師の説明責任義務に反する行為であり、第 2 審判決の通り、医師側の主張を採用することはできません。

⇒上告棄却（X 側勝訴）。

この判決のここが大事！

・最高裁は宗教的信念に基づく治療拒否の権利を人格権の一内容として尊重している。しかし、第 2 審判決のように患者の自己決定権ではなく、患者に無断で輸血した医師の説明責任義務違反に重点を置いて判決を下した。この判決を契機に、医療現場でインフォームド・コンセント（治療方針などを患者に説明し同意をえること）がより徹底されるようになった。

・自己決定権とは、個人が「その人らしく」生きること（人格的生存）に関わる重要かつ純粋な私的事項について公権力の介入・干渉なしに自律的に決定する権利をいう。具体的には、尊厳死・安楽死などの「死に方」を決める自由や、容姿・髪型・服装などライフスタイルを決める自由、堕胎・避妊など子供を持つかどうかを決める自由などが含まれる。

・「バイク三ない」原則事件（最三小判平成 3 年 9 月 3 日）、修徳高校パーマ事件（最一小判平成 8 年 7 月 18 日）のように、原告の主張として自己決定権が用いられる事例は多数存在する。ただ、最高裁によって、正面から自己決定権が認められた事例は存在しない。

12. 大阪空港公害訴訟（最大判昭和56年12月16日）
――環境権でも何でもええから騒音どうにかしてくれや！

1．何が起きた？

国営空港である大阪空港は次第に拡張され、頻繁に使われるようになった。

そこで、1969年に空港の周辺に住むXらは、空港の設置管理主体であるY（国）に対し、航空機の発する騒音、排気ガスなどによって、身体的･精神的損害､睡眠妨害といった被害を被っており、憲法13条・25条の人格権ないし環境権が侵害されているとして、民法709条または国家賠償法2条1項に基づき、Xらが過去に受けた被害に対する損害賠償と、Xらの居住地域で騒音が65ホンを超える航空機の発着が一切禁止されるまでの間にXらが将来受ける被害に対する損害賠償を請求した。

第1審判決は、憲法13条・25条によって直接に具体的な請求権が認められないことを理由に環境権の成立を認めなかったが、国は航空機の発する騒音などにより第三者に被害を生じさせないように空港を管理すべき義務を負うとして、国家賠償法1条1項に基づき損害賠償の請求を認めた。

これに対し、第2審判決は、人格権侵害を根拠とすれば足りることを理由に環境権の成否について検討しなかったが、Xらの被害は本件空港の設置管理に問題があることによって生じているとして、国家賠償法2条1項に基づき過去及び将来の被害の損害賠償の請求を認めた。

そこで、Yが上告した。

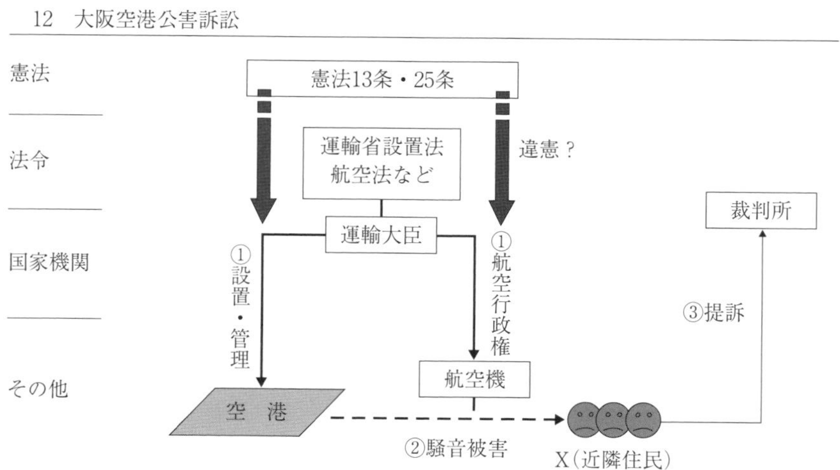

2．判決文に聞いてみよう

Q．騒音などの被害に対する損害賠償請求は認められるの？

A．はい。国家賠償法2条1項の営造物の設置または管理の「瑕疵」とは、営造物が有すべき安全性を欠いている状態をいいますが、ここでの安全性の欠如とは、施設自体の物理的・外形的な欠陥や不備によって危害を生じる危険性だけではなく、その利用目的に沿った利用によって利用者以外の第三者に対して生じる危険性も含みます。したがって、空港の設置管理者であるYは、たとえ空港の利用目的に沿った利用であっても、多数の航空機の離発着によって騒音などを生じ、Xらに危害を加えた場合、その損害を賠償しなくてはいけません。

Q．その損害賠償請求の根拠は何ですか？

A．……。（最高裁はこの点について何も語りませんでした。これに対し、第2審判決は損害賠償請求についても人格権侵害を根拠とすれば足りるので、わざわざ環境権を語る必要はないと答えています。）

Q．将来の損害賠償請求は認められましたか？

A．いいえ。将来の損害賠償請求は当該請求権の成否とその額が一義的に明確な場合にのみ認められますが、本件ではYの騒音防止対策などによって、損害賠償請求権の成否や額が変動するので認められません。

よって、過去の被害の損害賠償請求については認めますが、将来の被害の損害賠償請求については不適法なので却下します。

⇒一部上告棄却、一部破棄自判、一部破棄差戻し（Xの一部勝訴）。

この判決のここが大事！

・本件では人格権と環境権の法的構成が争われたが、最高裁はいずれの権利の法的構成についても言及しなかった。また本件の原告は損害賠償と併せて夜間の空港使用の差止めも請求したが、差止め請求は認められなかった。この判決は航空機騒音訴訟のリーディングケースとされており、のちの判例でも損害賠償請求は認められる一方で、差止め請求は認められず、環境権についても正面から認められないという傾向にある。

13. 尊属殺重罰規定違憲判決（最大判昭和48年4月4日）
——親を殺すと罪が重くなる？

1．何が起きた？

被告人のYは、14歳のときに実父Xに強姦され、その後も関係を強いられていた。関係は十数年にわたり、その間、家族は離散し、Yは父との間に5人の子をもうける（うち2人は生後間もなく死亡）にまで至っていた。Yは子どもの世話をしながら父と夫婦同然の生活を余儀なくされていた。

その後、生計を立てるため、Yは印刷所に働きに出るようになり、そこで男性Zと出会う。間もなく二人は、悲惨な境遇から抜け出し、結婚して新たな生活を築くことを決意した。YがそのことをXに話すと、Xは逆上し、暴言やZに危害を加える旨の脅迫を行い、Yを自宅に軟禁し、支配下に置き続けた。そのような状態が10日程続いた1968年10月5日の夜、Xは酒に酔い暴言を吐きながらYに暴力を振るおうとしてきたため、極度の疲労状態にあったYは、この悲惨な境遇から逃れるためにはXを殺害するよりないと考え、とっさに近くにあったひもでXの首を絞め、殺害した。Yは刑法200条の尊属殺人罪で起訴された。

これに対してYは、尊属殺は殺人罪よりも重い刑罰（死刑又は無期懲役）を規定しており、人の命の価値に差をつけている点で憲法14条1項の法の下の平等に反すると主張した。第1審は刑法200条を旧家族制度的思想に基づく差別規定であるとして違憲とし、刑法199条の殺人罪についても刑を免除した。しかし第2審はこれを覆し、刑法200条に基づき有罪としたため、Yは同条の違憲無効を訴え上告した。

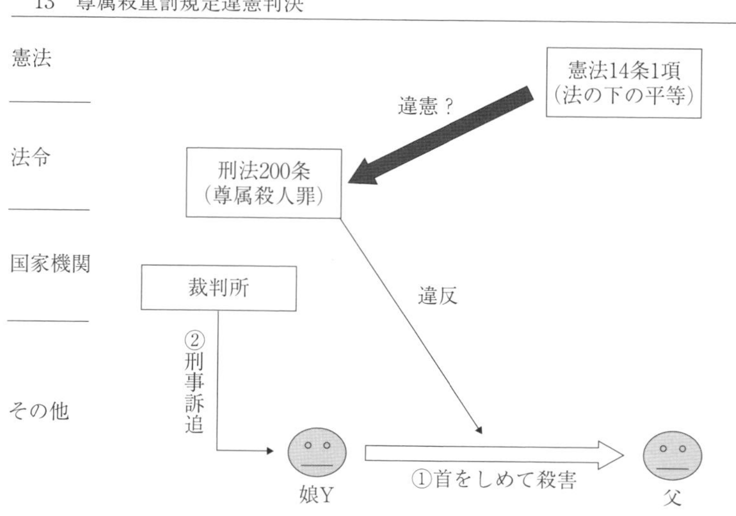

2．判決文に聞いてみよう

Q．法律が法の下の平等に反するかどうかはどうやって判断するの？

A．憲法 14 条 1 項の法の下の平等は、「合理的な根拠に基づくものでないかぎり、差別的な取り扱いをすることを禁止する」ものです。ここでは立法の目的が合理的な根拠を持つか、仮に目的が合理性を持つとして、目的を達成するための手段が目的と比べてバランスがとれているかどうかを判断します。

Q．刑法 200 条の目的は違憲？

A．いいえ。親や祖父母（尊属）を尊敬、尊重するというのは社会の基本的な道徳といえますから、通常の殺人（判決当時は死刑、無期懲役又は 3 年以上の懲役）よりも厳しく罰する刑法 200 条の目的は、合理的な根拠に基づいています。

Q．では手段は違憲？

A．はい。罪の重さに差をつけること自体は問題ないとしても、刑法 200 条は死刑か無期懲役しか選択肢がありません。そうすると、本件の Y のような極めて同情すべき境遇にある被告人であっても、心神耗弱や情状酌量といった法的手段によってなるべく刑を軽くしようとしても、最低でも懲役 3 年 6ヵ月となり、執行猶予をつけることさえできません。これは殺人罪とあまりに差をつけすぎており、尊属を尊重するという立法目的達成のために必要な限度を遥かに超えています。したがって刑法 200 条は憲法 14 条 1 項に違反し、無効です。

よって、Y には刑法 199 条の殺人罪が適用されます。Y は犯行当時心神耗弱状態にあったと認められ（刑法 39 条）、また、その悲惨な境遇には情状酌量の余地があるので（刑法 66 条）、懲役 2 年 6 ケ月、執行猶予 3 年になります。

⇒破棄自判（Y は刑法 199 条により有罪）。

この判決のここが大事！

・本判決は最高裁が法律を違憲無効とした初めての例であり、憲法 14 条 1 項に関する審査について、①法律の目的の合理性②目的と手段の均衡という二段階の審査基準を示した。

・本判決は刑が重すぎるという②の審査で違憲と判断している。このような考え方は妥当だろうか。本判決の翌年、本件の傷害致死版といえる尊属傷害致死罪については合憲判決が下されていることも踏まえ、考えてみよう（最一小判昭和 49 年 9 月 26 日）。

・なお、本規定は違憲とされたが、当時の与党自民党がこれを長い間放置し続けたため、検察が本規定に基づいて起訴することを控えるという運用がなされていた。結局 1995 年に刑法典を口語化する際に、ほかの尊属に関する規定と共に削除されることになった。

14. 国籍法違憲判決（最大判平成 20 年 6 月 4 日）
――お父さんのせいで国籍が取得できない？

1．何が起きた？

日本人を父、外国人を母に持つＸが、日本国籍の取得を求めたが、認められなかった。その後子どもらは国籍取得を求めて裁判所に訴訟を提起した。

日本の国籍法（2 条 1 号、3 条 1 項）は、親の国籍により子どもの国籍取得を認め、また、親が婚姻していない場合でも準正（親が子を嫡出子として認知する）が子どもの出生時までになされれば、子どもが親と法律上の親子関係にある、として、子どもの国籍が認められた。その結果、父が外国人、母が日本人の場合は子どもはもちろん国籍を取得するが、父が日本人、母が外国人で、婚姻をしていない場合でも、出生前に子が父から認知を受けていれば、出生時に国籍を取得できた。

その一方で本件原告は、父が出生後に認知したために、出生時に国籍を取得できなかった。

このような事態は、子どもらには左右できない父の都合で国籍という日本国憲法の保障を受ける地位の付与を恣意的に決めるもので、日本国憲法 14 条 1 項に定める法の下の平等に反する、と主張した。

第 1 審は国籍法が違憲と認め、子どもらの国籍取得を認めた。しかし、第 2 審は、当時の国籍法が違憲としても、訴えを起こした子どもらに国籍を付与することは国会の役割（立法作用）であり、裁判所がそれを行うことはできない、として子どもらの国籍取得を認めなかった。

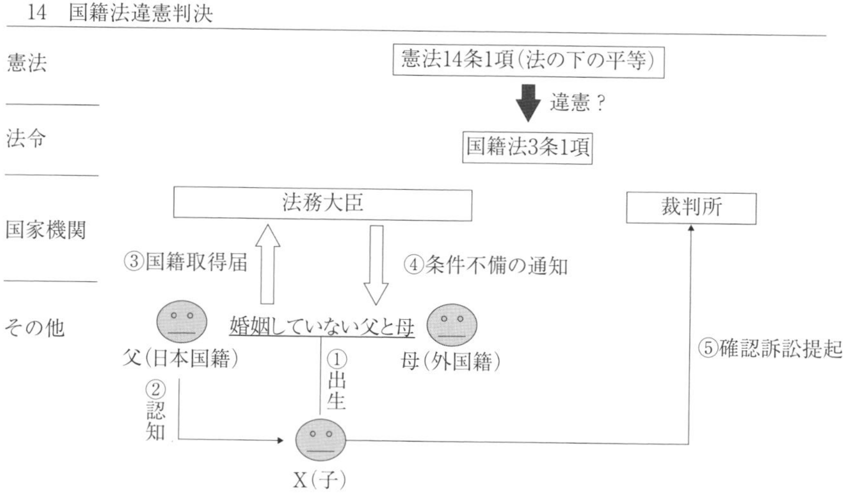

2．判決文に聞いてみよう

Q．国籍法は違憲ですか？

A．はい、違憲です。国籍法ができた当時は、国籍取得者に求められる日本国との密接な結び付きを考えると、出生前認知を受けた子と、出生後認知を受けた子とで、国籍の取得について区別することは、合理的なものでした。しかし、時代がたつにつれ、家族の国際化が進み、国際条約で子どもの出生に基づく差別が禁止され、世界各国でも本判決で問題となったような出生後認知の子どもにも国籍を認める法制度が整備されています。そのため、そのように状況が変化した現代では、日本国との密接な結び付きがある子どもに国籍を付与する目的を実現する手段として、本判決で問題となったような出生後認知の子どもにも、国籍を付与すべきです。

Q．国籍は取得できますか？

A．はい、できます。最高裁は、判決当時の国籍法が日本国憲法 14 条 1 項に違反しており、違憲な法律による差別から子どもらを救済すべきである、と考えました。そして、その救済方法として国籍を付与することは、血統主義とそれに基づく出生後の国籍取得を認める国籍法の規定（2 条 1 号、3 条 1 項）の趣旨を出生前に認知を受けた子と出生後に認知を受けた子との間で等しく及ぼしたにすぎず、国会の役割である立法を裁判所が代わりに行うものではありません。

⇒破棄自判（X 勝訴。日本国籍取得を認める）。

この判決のここが大事！

・子が出生する前と後とで、父の認知した時期が変わることで国籍が付与されるかどうかが違っていた。現在では国籍法改正により平等に国籍が付与されている。

・この問題は、認知の時期による国籍取得の差別、という問題であるばかりでなく、母が日本人である場合自動的に子に国籍が付与されるのに父の場合はそうではない、という差別問題でもある。

・裁判所が、世界の状況の推移などにより、立法を正当化する事実（立法事実）が変化することで、法律が合憲なものから違憲なものへと変化する可能性を示した事例である。

・法廷意見の主張にもかかわらず、反対意見では国籍付与という救済手段が実質的に立法であると批判されている。

15. 法定相続分差別違憲決定（最大決平成 25 年 9 月 4 日）
――うわっ……私の相続分、2 分の 1？（非嫡出子 X さんの場合）

1．何が起きた？

人が死亡したときには、相続が行われるが、遺言によって相続分が決められていない場合には、民法 900 条で定められた割合（法定相続分）に従って相続が行われる。ある人が死亡した場合、その配偶者（夫や妻）と子の法定相続分は 2 分の 1 ずつと定めている（1 号）。子が複数いる場合には、その 2 分の 1 をさらに均分する（4 号）。ところが、婚姻届を提出せず、法律上は婚姻関係にない男女から生まれた非嫡出子の相続分は、婚姻関係にある男女から生まれた嫡出子の相続分の 2 分の 1 と定められていた（同号ただし書）。

遺産分割の際に、相続人の間で合意ができない場合には、相続人の申し立てによって、遺産分割の審判を行う。2001 年に行われた遺産分割審判において、非嫡出子 C の子で代襲相続人の X ら（C が先に死亡していたため代わって相続する）は、民法 900 条 4 号ただし書の規定が、憲法 14 条 1 項に定める法の下の平等に反し、無効であると主張した。

第 1 審の遺産分割審判では、民法 900 条 4 号ただし書は合憲であることを前提に法定相続分を算出した。そこで、X らは、高等裁判所に対して不服申立て（即時抗告）をしたが主張が認められず、さらに、最高裁判所に不服申立て（特別抗告）を行った。

この事件で第 1 審・第 2 審が規定を合憲としたのは、1995 年に最高裁（最大決平成 7 年 7 月 5 日）が合憲であると判断したことが理由である。

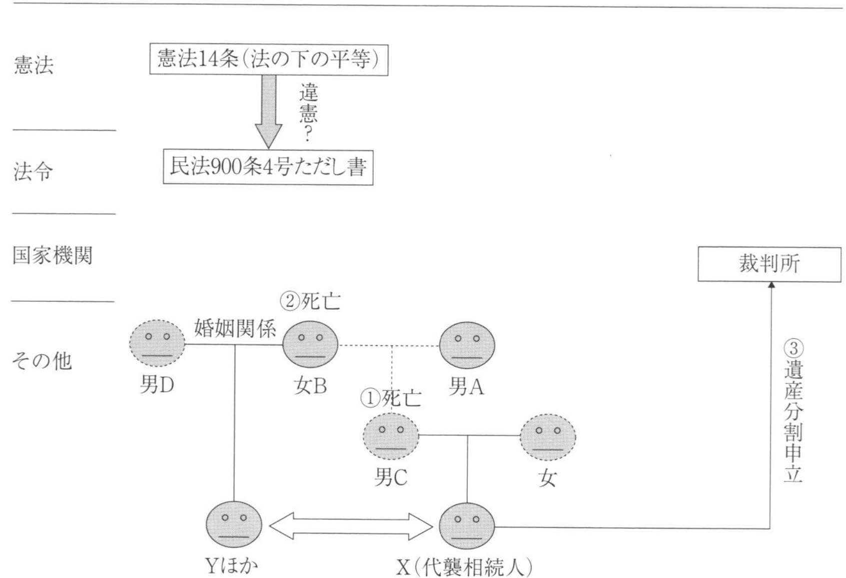

2．判決文に聞いてみよう

Q．民法900条はアウト？　それともセーフ？

A．アウトです。嫡出子と非嫡出子の法定相続分を区別する合理的な根拠は失われ、民法900条4号ただし書は憲法14条1項の法の下の平等に反し、無効となります。

Q．どんな事柄の変遷が重要と考えられたの？

A．相続制度の立法の際には、国の伝統、社会事情、国民感情なども考慮すべきであり、裁判所も立法の合理性を判断する際に考慮します。今回の相続の時点では、婚姻や家族形態の多様化とそれに対する国民の意識の変化や、国際的に同様の規定を残している国が少なくなったことが認められます。また、児童の権利に関する条約等の委員会から差別規定に対する懸念が表明され、国内でも法制審議会において平等とする改正が議論されてきました。さらに、1995年の最高裁決定やそれ以降の事件でも反対意見や事柄の変遷を指摘した補足意見が出されました。このような変化のなかで、嫡出子・非嫡出子という子にとって自ら選択できない事柄を理由に子に不利益を及ぼすことは許されず、子を個人として尊重し、子の権利を保障すべき考えが確立されてきているといえます。

Q．今までセーフだったのにどうしてダメになったの？

A．日本では、事実婚よりも婚姻届を提出した法律婚を尊重しようという考え方が採用されてきました。ただ、全く非嫡出子に相続を認めないのは酷なので、戦後の民法では法律婚の尊重と非嫡出子の保護を調整する目的で、法定相続分を2分の1と定めました。1995年の時点では、この取扱いは立法目的との関係で、著しく不合理とはいえず、憲法14条1項に反するとはいえませんでした。しかし、上述のように合理性を支える事情が時代と共に変遷したため、2013年決定はその変遷を考慮し、立法の合理性を否定しました。

⇒破棄差戻し（X勝訴）。

この判決のここが大事！

・この事件は、一度合理的と判断された立法も立法事実の変化（この事件では社会状況や国民意識の変化）によってその合理性が失われ、その合憲判断が覆る可能性を示した事例である。

・最高裁は、この事件の相続の開始した2001年7月からこの決定までの間に民法900条4号を前提としてなされ、既に確定的となった他の相続に違憲判断の効力が及ばないとした。

このようにして、最高裁はこれまでの合憲判断を前提になされた事案を変更せず、解決済みの事案を蒸し返すことで著しく法的安定性を害しないようにした。本決定の同年の12月5日の民法改正で900条4号ただし書の非嫡出子の部分が削除され、本決定翌日の9月5日以後に開始した相続に適用された。

16. 再婚禁止期間違憲訴訟（最大判平成27年12月16日）
——赤ちゃんできたのに女性は6ヶ月間も再婚できない！？

1．何が起きた？

民法旧733条1項（以下、本件規定）は、離婚等をした場合、その日から6ヶ月間（180日）経過しなければ再婚できない旨が定められていた。本件規定は女性のみに適用されるものであった。

岡山県に住む女性Xは、前夫のドメスティック・バイオレンスが原因で、2006年9月に別居し、離婚訴訟を経て、2008年3月28日に離婚が成立した。この間、Xは現在の夫と出会い、子どもを身ごもった。離婚成立時、Xは再婚を直ちに望んだが、本件規定を理由に離婚成立時の6ヶ月後の2008年10月7日にようやく再婚することができた。

Xは、本件規定があるために望んだ時期よりも婚期が遅れ、精神的損害を被ったと主張した。加えて、本件規定は憲法14条1項の「法の下の平等」及び24条2項の「両性の本質的平等」に違反しており、実父の確定ができる最低限必要な100日に再婚禁止期間を短縮する等の改正を行わなかった国に対して、国家賠償法1条に基づき慰謝料を求めた。

第1審、第2審ともに、本件規定には合理性があり、再婚禁止期間をどの程度に設定するかは国会で決定すべき問題であるとして、Xの請求を棄却した。Xは、再婚禁止期間を6ヶ月間とすることは過剰な制約であるとして上告した。

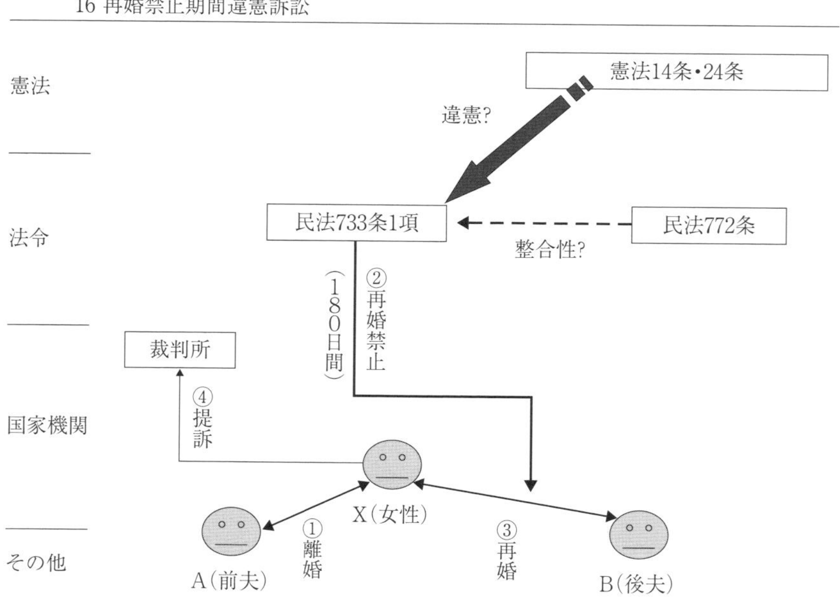

2．判決文に聞いてみよう

Q．再婚禁止期間は必要？

A．はい。離婚後すぐに女性が再婚して子どもを生んだ場合、その子どもの父親が前夫か再婚後の夫かどちらであるか判別が困難になります。本件規定は、子どもの父親が確定するまでの期間を女性の再婚禁止期間とすることで、子どもの実父をめぐる争いを未然に防止する目的があったのです。

Q．必要だとしても 6ヶ月の再婚禁止期間は長すぎませんか？

A．はい。民法 772 条は、離婚後 300 日以内に生まれた子は前夫の子、再婚した日から 200 日経過後に生まれた子は再婚した子と推定される旨を定めます。そうなると、たとえ離婚した当日に再婚しても、離婚した夫と再婚した夫の両方が父親と推定される期間は離婚した日から 201 日目から 300 日目の 100 日間となるので、6ヶ月間（180 日間）も禁止期間を設ける必要はありません。

Q．民法 733 条 1 項はアウト？　セーフ？

A．アウトです。確かに再婚禁止期間を設けることは、父子関係の混乱防止から必要だといえます。しかし、その期間を 6ヶ月とすることは、「医療や科学技術の発達や社会状況の変化」から、「合理性を欠いた過剰な制約」といえるほど長すぎるため正当化できません。本件規定のうち 100 日超過部分である 80 日間は憲法 14 条 1 項および 24 条 2 項に違反します。ただし、婚姻や家族に関する事項は「第一次的には国会の合理的な立法裁量に委ねられる事柄」であるため、国家賠償法 1 条に基づく慰謝料請求は認められません。

⇒上告棄却（X 敗訴）。

この判決のここが大事！

・本件では、訴訟上、国家賠償請求は認められなかったため、形式的には X 側の敗訴である。しかし、6ヶ月の再婚禁止期間については違憲判断を勝ち取っているため、実質的には X 側の勝訴といえるであろう。この判決を契機に、民法 733 条 1 項が改正され、女性の再婚禁止期間は 6 カ月間から 100 日間に短縮されることになった。

17. 夫婦別氏訴訟（最大判平成27年12月16日）
――私、結婚したい。だけど、苗字は変えたくない。どうしよう。

1．何が起きた？

民法750条は、婚姻（結婚）の際、夫婦がどちらか一方の氏（苗字）を結婚後の氏として称することを規定している。

Xらは、いずれも結婚し、氏を夫婦のどちらか一方に決定することを経験してきた。その氏を変えることにより、Xらは、結婚まで使ってきた氏によって形成されてきた自分というアイデンティティの喪失感、あらゆる場面で使えるという訳ではない婚姻前の氏の通称使用、結婚前後における氏の違いから生じる仕事上での不都合など、精神的苦痛を受けてきた。日本の現状では、婚姻の際に96％という圧倒的多数の妻が夫の氏に変更している。このことから、多くの場合、そのような精神的苦痛を受けているのは妻であると想定できる。

そこで、Xらは、夫婦別氏を認めない民法750条が憲法24条などに違反するとして国家賠償を求めて提訴した。第1審判決では、夫婦のそれぞれが結婚前の氏を称する権利が憲法上保障されているとは言えないとして、Xらの請求は認められなかった。Xらはこれを不服として控訴した。第2審判決では、家族の一体感を示す民法750条の目的は正当であり、婚姻後の夫婦の同氏は現在でも国民の支持を失っていないことなどを理由として、Xらの請求は棄却された。これを受けて、Xらは上告した。

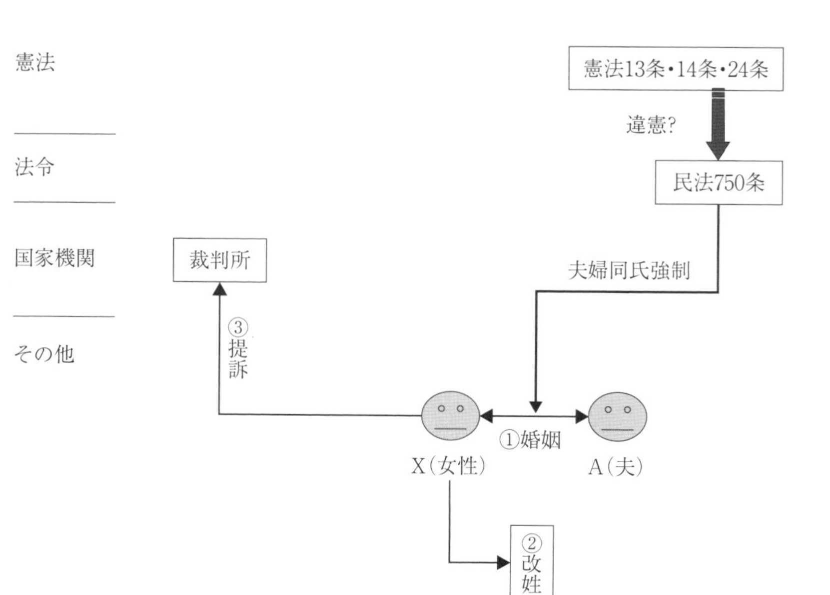

2．判決文に聞いてみよう

Q．憲法では家族について定めた規定はあるの？

A．はい。憲法 24 条があります。同条の 1 項によれば、誰と結婚するかしないのかは、誰もが平等かつ自由に決めることができます。その結婚を保障するために、同条の 2 項によれば、個人の尊厳と両性の本質的平等を実現する法的仕組みをつくることが、国会の立法裁量に委ねられています。

Q．どうして氏を同じにするように法律で定めているの？

A．家族は社会の自然かつ基礎的な集団単位であり、同じ氏にすることには合理性が認められるからです。特に、両親とその子が同氏であることには、その子が嫡出子であることを示すという一定の意味があります。また、家族で同一の氏を称することで、個人がその家族を構成する一員であるということを実感することになり、その点も同氏である意義が見出せます。加えて、夫婦同氏制は、夫婦が称する氏を夫の氏か妻の氏のどちらかとして、選択肢に夫婦両者の氏を平等に設定しています。それは、夫婦となろうとする者の間で、自由にどちらの氏を選択してよいとするものです。

Q．でも、同氏で不利益があるから民法 750 条は違憲じゃないの？

A．いいえ。確かに、夫婦同氏によりアイデンティティの喪失感や仕事上での不都合など問題があります。しかし、現在では多くの場面で、結婚前の氏を通称と使用することが許されています。したがって、婚姻の際に、夫婦が同氏にすることによる不利益はある程度緩和され得ます。これらを踏まえて、総合的に考慮する必要があります。

よって、民法 750 条は合憲であり、X らの請求は認められません。

⇒上告棄却（X 敗訴）。

この判決のここが大事！

・憲法 24 条は、戦後、家制度を廃止する目的で規定された。それは、妻が無権利状態で夫の支配下に服するという夫婦間の明らかな差別を是認する制度を否定するために作られた。

・本判決は、氏に個人の人格権（憲法 13 条）的要素があることを認めるが、具体的な制度については国会の裁量に委ねられるので民法 750 条の人格権侵害の主張は認めていない。また、多くの夫婦で妻側が改氏しているが、それは夫婦間での自由な選択によるものだとして、本判決は民法 750 条が憲法 14 条を根拠に女性差別であるとはしていない。ただし、本判決は、法律で定める家制度が憲法 13 条、14 条に違反しないとしても、憲法 24 条の規定する「個人の尊厳と両性の本質的平等」の要請から合理性の判断が必要になるという点に憲法 24 条独自の法的意義を示している。

18. 麹町中学校内申書事件訴訟（最大判昭和63年7月15日）
――生徒の心の中まで内申書に書いていいの？

1．何が起きた？

Xは公立中学校の3年生の時に複数の高校を受験したが、全ての学校で不合格となってしまった。

高校受験の際に、中学校長は内申書を作成して、各出願校に送付することとなっていた。Xの内申書では、「基本的な生活習慣」「自制心」「公共心」といった項目で最低ランクのCという評価が与えられていた。備考欄ではXが「校内において麹町中全共闘を名乗り、機関紙砦を発行した。学校文化祭の際、文化祭粉砕を叫んで他校の生徒とともに校内に乱入し屋上からビラをまいた。大学生ML派の集会に参加している」等と書かれていた。

この記述によりXは学生運動に興味がある学生だと高校側に知られ、それが不合格の原因であると考えた。そして、このような内申書を作成し提出する行為は憲法19条で保障されている思想・信条に基づく行為を理由とした差別であるとして、学校の設置者である千代田区（Y_1）と東京都（Y_2）に対して裁判を起こした。

第1審はXの主張を認め、校長による内申書作成と提出行為は違法であるとしたが、第2審は第1審判決を取り消し、Xの請求を棄却した。これに対してXが上告した。

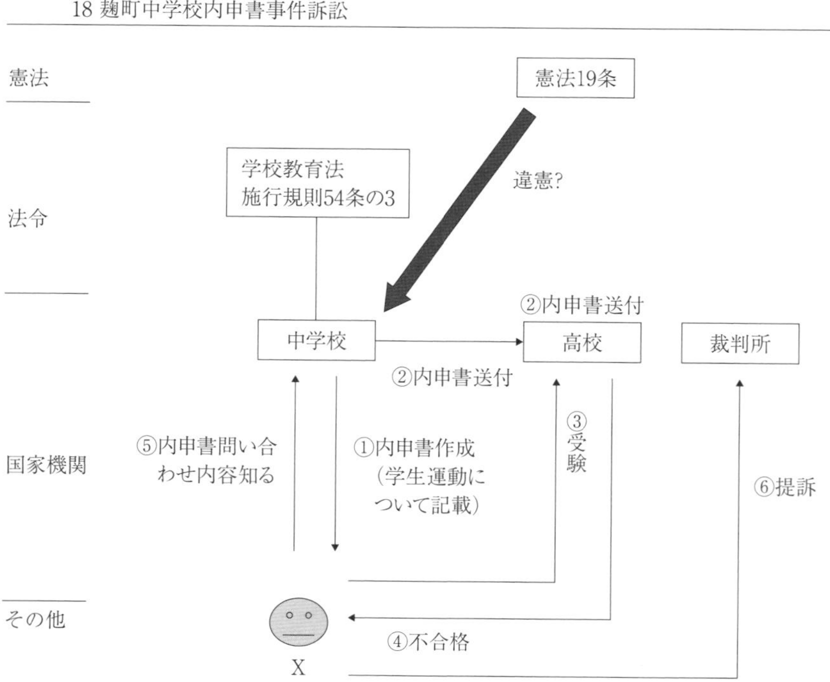

2．判決文に聞いてみよう

Q．内申書は、法令上どのように扱われていますか？

A．内申書は、高校入学において、入学試験の成績等と共に入学者の選抜のための資料になると、学校教育法施行規則59条1項（当時）に規定されています。

Q．内申書に学力以外のことについて書くことは違法になりますか？

A．いいえ、なりません。内申書が入学者選抜の資料の一つとされるのは、学力以外の要素も入試判定に使うためです。その目的に合うように、生徒の性格や行動といった学力以外の客観的な事実について公正に記載しても、それは違法ではありません。

Q．今回のXについての内申書の作成、提出は、憲法19条からするとセーフ？　それともアウト？

A．セーフです。内申書の記載は、どれもXの思想、信条そのものを書いたものではありません。内申書に書かれたようなXの行動が、Xの思想、信条をうかがい知れるようにする可能性があるとはいえません。また、Xの思想、信条自体を高校の入学者選抜の資料として提供したともいえません。よって、内申書の記載が憲法19条の思想・良心の自由を侵害するという主張は、採用できません。

⇒上告棄却（X敗訴）。

この判決のここが大事！

・本件で問題となった記述は、客観的事実であれば思想そのものではないので、内申書に書いてよいと判断された。

・しかし、特定の政治団体が行う集会に参加していること等を書くことにより、Xがその団体の持つ思想に何らかのシンパシーを持っているということを推測させることが可能になってしまう。だから、本人の思想・信条を直接推測させるような事実を記載することは、許されないのではないかという批判も根強く存在する。

・19条で保障される思想・良心の範囲について、人の内心の活動一般と広く考える内心説と、特定の主義や思想を持つことという風に一定の内心活動に限定する信条説という議論がある。謝罪広告事件（最大判昭和31年7月4日）の田中裁判官補足意見（信条説）と藤田裁判官反対意見（内心説）でそれぞれ言及されたが、法廷意見ではどちらが支持されるか結論は述べられなかった。

19. 君が代起立斉唱事件（最二小判平成23年5月30日）
——天皇を賛美する歌をうたわないといけないの？

1．何が起きた？

都立高校の教諭であるXは、校長から卒業式で国歌斉唱の際に立ち上がって君が代を歌うことを命ずる職務命令を受けた。しかし、Xは日の丸・君が代が軍国主義や戦争、天皇制の象徴であると認識しており、日本の侵略戦争の歴史を学ぶ在日朝鮮人、在日中国人の生徒に対し、日の丸を掲げ君が代を斉唱する卒業式をやることとは教師の良心が許さないとして、立ち上がらなかった。そこで、東京都の教育委員会は、不起立行為を理由として地方公務員法に基づく戒告処分をした。

東京都教育委員会（Y）は定年退職した教職員を再任用する制度を実施しており、Xは定年退職前に上記の制度での採用を申し込んでいた。しかし、Yは、過去の処分歴を理由にXを不合格とした。

そこでXは上記の職務命令は思想・良心の自由を保障する憲法19条に違反し、Xを不合格にしたことに対して、不合格の取消し等と国家賠償法1条1項に基づく損害賠償をYに求めて提訴した。

第1審では不合格の取消等を求める訴えは却下されたが、損害賠償に関しては、職務命令は憲法19条に反しないが、職務命令違反を過大視することは裁量権の逸脱・濫用だとして請求の一部が認められた。

第2審では、不合格の取消等については第1審判決を支持、損害賠償については裁量権の逸脱・濫用はないとして第1審判決を取り消し、Xの請求を棄却した。そこでXが上告した。

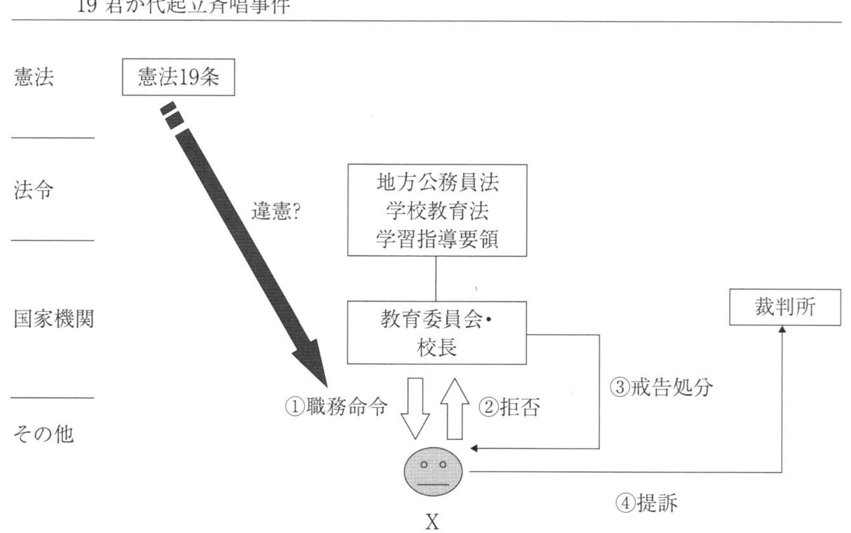

2．判決文に聞いてみよう

Q．そもそも思想・良心とは何？

A．信仰に準ずる確固たる世界観、主義、思想等、個人の人格形成の核心を成す内心の活動です。ライフスタイルや社会生活上の考えや嗜好など内心の活動全般を広く保障するという考え方もありますが、それを採用すると自分が嫌なことは強制されることはないということになってしまい社会秩序が成り立たなくなるので、採用できません。

Q．Xの考え方は思想・良心の自由として保障されるの？

A．はい。「『日の丸』や『君が代』が戦前の軍国主義との関係で一定の役割を果たしたとする」Xの考え方は、X自身の「歴史観ないし世界観から生ずる社会生活上ないしは教育上の信念ということができる」ので保障されます。

Q．職務命令は憲法違反だから無効になるの？

A．いいえ。学校の儀式的行事である卒業式等の式典における国歌斉唱の際の立ち上がりうたうことは、通常、儀礼的な行為だと一般的に認識されています。したがって、起立斉唱行為はXの歴史観・世界観を否定することと必ず結びつくとはいえず、上記の職務命令もXの信念それ自体を否定するものとはいえません。それゆえ、上記の職務命令は個人の思想及び良心の自由を直ちに制約するものではありません。また、君が代を立ってうたったとしても、他の人から見て特定の思想を表明したと思われることはほぼありえません。なので、職務命令は特定の思想の強制でも禁止でもなく、思想の有無の告白を強制するものでもありません。これらのことから憲法違反ではないので、無効になりません。

Q．それでは、この問題と思想・良心の自由は無関係ですか？

A．いいえ。今回の職務命令は直接特定の考えを押し付けたり禁止したりするものではないとはいえ、間接的には個人の考え方の制約にはなっているので無関係ではありません。

Q．間接的な制約とは何ですか？

A．権利や自由そのものを制約するのが直接的制約です。それに対して、ある行為を命じたり禁じたりした結果、別の権利や自由に制約がかかってしまうものを間接的な制約といいます。本件では、日の丸・君が代に否定的な考えを持つことを禁じているわけではないので直接的な制約ではありません。しかし、卒業式で君が代の斉唱を命じることは、Xの望まない自分の考えと異なる外部的行為をさせることになるので間接的な制約となります。

Q．結局、今回の職務命令はセーフなんですかアウトなんですか？

A．セーフです。間接的な制約が許されるかどうかは、職務命令に必要性や合理性があるかで判断します。今回の事例では式典の円滑の進行を図ったり国歌の現状と伝統についての正しい理解を求めるものなので、間接的な制約となる面はあるけれど、そのような制約を許容する程度の必要性・合理性が認められます。

⇒上告棄却（X 敗訴）。

3．もう一歩先の勉強のために

Q．似たような事件はありましたか？

A．はい。卒業式で君が代のピアノ伴奏を求める職務命令を断ったために教育委員会から戒告処分を受けた市立小学校の音楽教諭の事件（最三小判平成 19 年 2 月 27 日）があります。また本件事件と同様の内容の裁判（最一小判平成 23 年 6 月 6 日、最一小判平成 24 年 2 月 9 日等）も複数件起きています。

Q．君が代の伴奏を命じることは「思想・良心の自由の侵害」になるの？

A．「君が代起立斉唱事件」の原告と同様に、君が代が過去の日本のアジア侵略と結びついているから歌ったり伴奏することはできないといった考えは、音楽教諭の歴史観・世界観・信念ということができます。それゆえ、「思想・良心の自由」の問題となります。しかし、ピアノ伴奏拒否は世界観に基づく一つの選択ではあるが不可分に結びつくものということはできません。つまり、君が代を伴奏する行為と音楽教諭の歴史観・世界観は分けて考えることもできるということです。なので君が代伴奏の職務命令は直ちに音楽教諭の歴史観・世界観それ自体を否定するものとはいえず、思想・良心の自由の侵害になりません。

Q．それでは、ピアノ伴奏を命じることは問題ないの？

A．君が代のピアノ伴奏は、音楽教諭にとって普通に期待されている仕事であるし想定される仕事でもあります。だからピアノ伴奏を行ったとしても音楽教諭が特定の思想を外部に表明したと評価することは難しいはずです。またピアノ伴奏を命じる職務命令は、音楽教諭に特定の思想を持つことを強制したり禁止したりするものではなく、児童に対して一方的な思想や理念を教え込むことを強制するものとみることもできないので、問題ありません。

Q．行動と思想はそんなに簡単に分割できるの？　行動を命じただけなら嫌がる人に強制していいの？

A．この裁判の多数意見では問題ないとされましたが、藤田宙靖裁判官は反対意見を述べていました。藤田裁判官によると、ピアノ伴奏の問題は、入学式でピアノ伴奏することが「自らの信条に照らし」音楽教諭にとって「極めて苦痛なことであり、それにもかかわらず強制することが許されるかどうかという点にある」としました。そして、この問題は公務員が全体の奉仕者であるといった一般論では決めることができないので、ピアノ伴奏を命じる校長の職務命令によって達せられようとしている公共の利益の具体的内容を問わなければならないとしました。本件では「入学式における秩序・規律」および「校長の指揮権の確保」が具体的内容であり、それらと音楽教諭の「思想および良心」の保護の必要との間で慎重な考量がなされなければならないとしました。また、入学式におけるピアノ伴奏が、音楽教諭の仕事にとって付随的な業務であることは否定できないが、他者をもって代えることができない仕事であるかは疑問が残るとしています。（つまりテープで伴奏を流すといった代替策ですむのではないかということ。）そのうえで、更に慎重な検討が加えられるべきものだとしました。

この判決のここが大事！

・君が代斉唱の職務命令は思想・良心の自由の直接的制約ではない。

・しかし、自身の考えと異なった行動を強制するので、間接的な制約にはなりうる。

・間接的な制約が許されるか否かは、職務命令に必要性や合理性があるか否かによって決まる。

・職務命令に従わない場合は処分の対象になるが、最も軽い戒告処分まで。停職処分は過去の処分例と比べて重すぎるとして、処分を取り消した事例がある（最一小判平成 24 年 1 月 16 日）。

・国旗国歌法の制定時の政府答弁では、国旗の掲揚等に関し義務付けを行うことは考えていないとしていたという経緯も踏まえて、考える必要がある。

20. 加持祈祷事件（最大判昭和38年5月15日）
――「ど狸早く出ろ」で殴って殺すのも自由？

1．何が起きた？

1957年、僧侶Yはとある母親から自分の娘がおかしな行動をするようになったと相談を受けた。Yが見たところ、この娘には狸の霊がついているので「線香護摩」という儀式を行って除霊をすることにした。

儀式当日、8畳間の中央に護摩台が設置され、その台の上に塩を盛った鍋が置かれた。そして、娘はその護摩台から約50 cm離れたところに、親族がその娘の周りに座らされた。

儀式が始まると、鍋の中で大量の線香が焚かれ、あまりの熱さに娘は身をもがいて苦しみ、暴れ出した。しかし、近くに座っていた親族が取り押さえて、逃げようとする娘の手足を縛るなどした。

加えて、Yは狸の霊が娘から出かかっているとして、「ど狸早く出ろ」と叫びながら、娘の喉元を火の付いた線香の束で炙ったり、背中を押さえつけて殴るなどした。

儀式は約3時間行われたが、その間、娘はずっと護摩台の近くに居させられた。

儀式が終わってから約30分後、娘は儀式による多数の火傷や皮下出血などを原因とする急性心臓麻痺で死亡した。

Yは傷害致死罪で起訴され、第1審、第2審判決で有罪とされた。それに対して、線香護摩を行ったことは憲法20条1項が保障する「信教の自由」を行使したものであり、有罪としたこれら判決が違憲であると主張した。

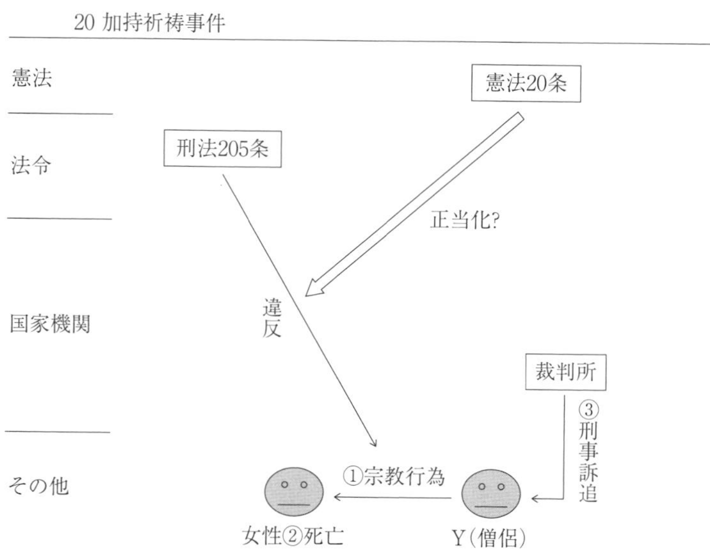

2．判決文に聞いてみよう

Q．信教の自由ってやっぱり大切？

A．はい。憲法 20 条 1 項は信教の自由を誰に対しても保障すると規定しています。「信教の自由が基本的人権の一として極めて重要なもの」であることはいうまでもありません。

Q．大切だとして、限界はあるの？

A．はい。基本的人権について、国民はこれを濫用してはなりません。「常に公共の福祉のために利用する責任を負うべき」と憲法 12 条は定めています。また、同じく憲法 13 条は基本的人権を、「公共の福祉に反しない限り立法その他の国政の上で、最大の尊重を必要とする」と定めています。よって、信教の自由は大切ですが、何をやっても良いというわけではありません。

Q．この事件の僧侶はアウト？　セーフ？

A．アウトです。僧侶の行為は、たとえ一種の宗教行為としてなされたものであったとしても、それは（有罪となった）下級審判決で認められたような「他人の生命、身体に危害を及ぼす違法な有形力の行使に当るもの」です。これによって被害者（娘）を死なせてしまったものである以上、被告人の行為は著しく反社会的な行為であることを否定できません。「憲法 20 条 1 項の信教の自由の保障の限界を逸脱したもの」というほかありません。

よって、僧侶の行為を刑法 205 条違反で処罰したことは、憲法の条文に何も違反しません。これと同じ内容の判断を下した原判決は正当であって、僧侶の憲法違反であるという主張は採用できません。

⇒上告棄却（Y は有罪）。

この判決のここが大事！

・最高裁は「信教の自由」を大切な基本的人権の一つだとしている。しかし、それを濫用することはできないし、「公共の福祉」によって制限されることもある。この判決では、その一例として、他人の生命や身体に危害を及ぼして、死なせてしまうような行為は基本的人権として認められないとされた。

21. 牧会活動事件（神戸簡判昭和50年2月20日）
――犯罪者をかくまうのも牧師の仕事！？

1. 何が起きた？

1970年、兵庫県のある高校の生徒数名が、自分たちの通っている高校に立てこもることを計画した。化学実験室から濃硫酸を盗み出す、火炎ビン46本を作るなどの準備をしたうえで学校に侵入した少年たちは、机や椅子を運んで教室を封鎖しようとしたが、校務員に見つかったので逃げ出した。その後、校務員の通報を受け、警察が捜査を開始した。

この少年たちのうちの1人の母親は、Yが牧師を務めるキリスト教会に通っていた。Yは、父親がいなかった少年の進学時の保証人になったり、日常の相談相手になったりしていた。

少年の母親から相談を受けたYは、学校から逃げてきた少年たちと対面すると、反省するようにと2時間以上にわたって説いた。その後、少年たちには静かに労働しながら反省する場所と機会を与える必要があると考え、知り合いの牧師の教会に彼らを預けた。

少年たちは、昼は建設会社で荷物の積み下ろし作業、夜は教会の会合に出席するなどして約一週間を過ごした後、Yの教会に戻った。Yは学校と親に連絡し、その翌日、少年たちは母親と共に登校、午後には警察署に任意出頭した。

その後、Yは建造物侵入等の犯人として警察が捜査中の者であると知りながら少年たちをかくまったとして、刑法103条（犯人蔵匿罪）違反の疑いで逮捕・起訴された。

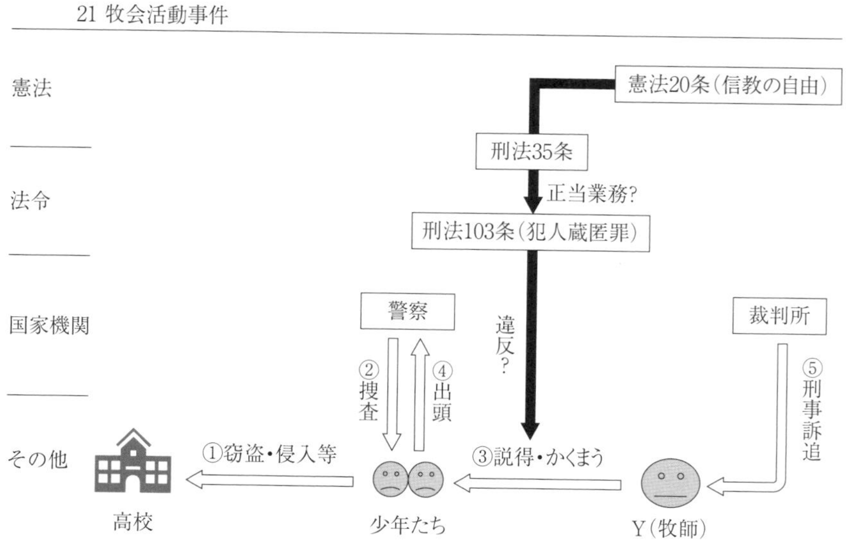

2．判決文に聞いてみよう

Q．牧師の仕事ってどんなこと？　憲法で保障されているの？

A．キリスト教の牧師の仕事は、聖書の教えを伝えること、礼拝を行うこと、迷っている人の魂を救済することなど様々です。これらのうち、魂を救済することを「牧会活動」といいます。憲法20条は信教の自由を保障していて、その中には牧会活動も含まれます。

Q．牧師が犯罪者をかくまうことも信教の自由によって保障される？

A．はい。牧師が自分を頼ってきた犯罪者をかくまって魂の救済のために説得することは「牧会活動」なので、信教の自由によって保障されます。もちろん、信教の自由があるからといって何をしても良いわけではなく、限界もあります。しかし、その限界を明らかに越えない限り、国家は宗教の活動を最大限尊重しなければなりません。

Q．でも、犯罪者をかくまうことって犯罪ですよね？

A．はい。犯罪者をかくまうことは犯罪です。しかし、それが牧会活動として適切な手段・方法でなされたのであれば、正当な業務行為（刑法35条）として、違法ではなくなる可能性があります。

Q．この事件の牧師はセーフ？　アウト？

A．セーフです。牧師であるYは、少年たちの魂の救済に配慮し、適切な場所に彼らを一時的にかくまいました。その結果、少年たちは反省し、自主的に警察署に出頭したのでした。Yが少年たちをかくまったことによって捜査にある程度支障が出たとしても、結局少年たちは自首していますし、Yがしたことは国民一般の感情からしても許されるでしょう。

よって、Yの牧会活動は正当業務行為であり、罪にはなりません。

⇒Yは無罪（確定）。

この判決のここが大事！

・犯罪にあたる行為であっても、信教の自由の保障の範囲に入っていれば、正当業務行為として違法ではなくなる可能性を示した。

・ただし、犯人が自首しなかった場合や凶悪犯だった場合にも違法でなくなるかは不明確であり、この事件は例外的との見方もある。

・信教の自由の保障は絶対無制限ではない。信教の自由の限界が問題になった事件として、【20】加持祈祷事件、大量殺人事件を起こした「オウム真理教」に対する宗教法人解散命令が信教の自由を侵害するかどうかが争われた事件（最一小決平成8年1月30日）参照。

22. 神戸高専剣道実技履修拒否事件（最二小判平成8年3月8日）
――人を叩かなければ卒業できませんか？

1．何が起きた？

1990年、市立工業高等専門学校の学生Xは、宗教上の理由にもとづき、1年生の体育科目の必修の授業であった剣道の実技への参加を拒否し、代わりにレポート提出などの措置（代替措置）を認めるよう学校側に申し入れた。Xが信仰する宗教（エホバの証人）は、聖書の教えにもとづき、信者が格闘技を行うことを禁じていた。

校長Yは、Xの申し入れを認めなかった。そこで、Xは、剣道の実技には参加せず、実技の時間中は見学し、レポートを作成するために授業の内容を記録していた。しかし、Xが作成したレポートの受け取りを学校側は拒否し、Xは体育の成績の認定を得られなかった。

体育の成績が認定されなかったため、Xは2年続けて進級することができなかった（原級留置処分）。学則では、校長は、連続して2回進級できなかった学生に対し、退学を命ずることができると規定していた。その学則に従って、Xは退学処分になった。

そこで、Xは、Yを相手に、退学処分と原級留置処分の取消しを求めて出訴したが、第一審はXの請求を棄却した。第2審は、Yによる本件各処分をいずれも裁量権の逸脱と認め、第1審判決を破棄し、本件各処分の取消しを求めるXの請求を認容した。これに対して、Yは、Xに代替措置を認めることは、憲法20条3項が規定する政教分離原則に違反すると主張して、上告した。

22　神戸高専剣道実技履修拒否事件

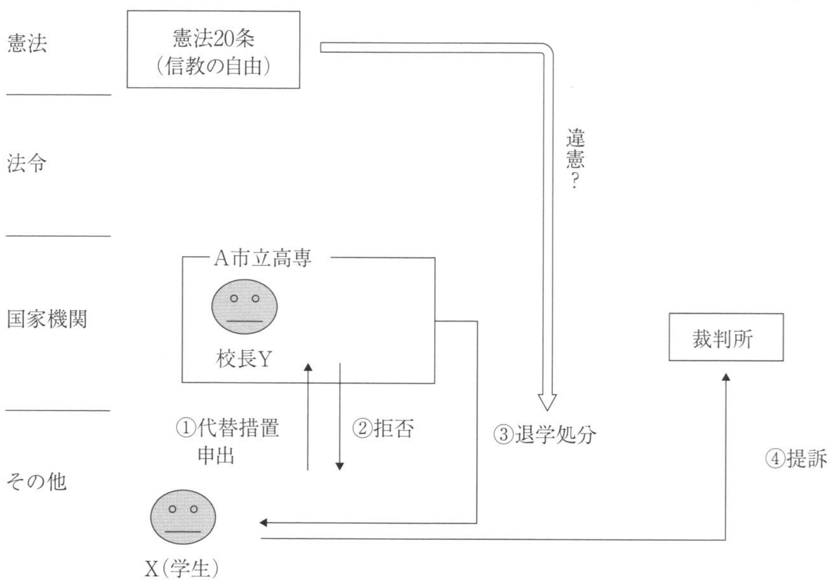

2．判決文に聞いてみよう

Q．剣道の実技の授業の参加拒否は信教の自由の範囲内ですか？

A．はい。Xが剣道の実技への参加を拒否する理由は、Xの信仰の核心部分と密接に関連する真面目でひたむきなものです。今回の事件の原級留置処分と退学処分は、Xがこれらの処分による重大な不利益を避けるためには剣道の実技への参加という自己の信仰上の教義に反する行動をとることを余儀なくさせられるという性質があるのは明らかです。

Q．学校側がXに対して配慮しなかったのは違法ですか？

A．はい。学生に対し原級留置処分または退学処分を行うかどうかの判断は、校長の合理的な教育的裁量にゆだねられるべきです。しかし、Xが代替措置を認めてほしい旨を申し入れていたにもかかわらず、学校側は代替措置ができないわけでもないのに、まったく検討することもなく申し入れを拒否しました。こうした事情のもとでは、Xに対する原級留置処分または退学処分は、社会観念上いちじるしく不適切な処分であり、Yの裁量権の範囲を超える違法なものです。

Q．学生の信仰を理由に代替措置を認めたら政教分離に反しませんか？

A．いいえ。信仰上の真面目な理由から剣道の実技に参加することができない学生に対し、レポート提出などの代替措置を採ることは、①その目的において宗教的意義を有し、特定の宗教を援助、助長、促進する効果を有するものとはいえず、②他の宗教を信じる人や宗教を信じていない人に圧迫、干渉を加える効果があるともいえません。今回の事件でXが求めていたレポート提出などの代替措置をとることは、政教分離原則に違反しません。

⇒上告棄却（X勝訴）。

この判決のここが大事！

・最高裁は、校長の教育的裁量権が濫用されていないかを判断するにあたり、退学処分・原級留置処分の不利益の大きさゆえに慎重な配慮を求めた。学生の剣道受講拒否は信教の自由の範囲内に含まれ、本件各処分が信仰上の教義に反する行動に追い込むという点に、校長が相応の考慮を払わなかったため、本件各処分を違法と判断した。

23. 津地鎮祭事件（最大判昭和52年7月13日）
——市のお金で工事の無事を祈ったら政教分離違反？

1．何が起きた？

1965年1月14日、市立体育館の建設を予定していた三重県津市は、建設予定地で起工式を行った。この起工式では、地元の神社の宮司4名が招かれ、神道式の地鎮祭が行われた。地鎮祭とは、建物の新築の際に、土地の神を祀り、工事の無事や建物の繁栄を祈る儀式である。市の職員が進行係を務め、宮司たちによって、降神の儀、祝詞奏上、鍬入れの儀といった一連の儀式が執り行われた。その費用（宮司たちへの謝礼金4,000円、供物代3,663円）は、市議会の議決に基づいて公金から支出された。

津市の市議会議員であったXは、市長から起工式の招待状を受け取ったが、市が神道式の地鎮祭を行うことは憲法20条と89条の定める政教分離原則に違反すると考えていた。そこでXは、津市長Yらを相手として住民訴訟を提起し、地鎮祭にかかった費用の補塡などを請求した。

第1審では、地鎮祭は習俗的行事であって政教分離原則に違反しないとされ、請求が棄却された。

第2審では、一転して地鎮祭は憲法20条3項の禁止する宗教的活動に当たり、これに基づく公金の支出も違法であるとされた。

そこで、Yらが上告した。

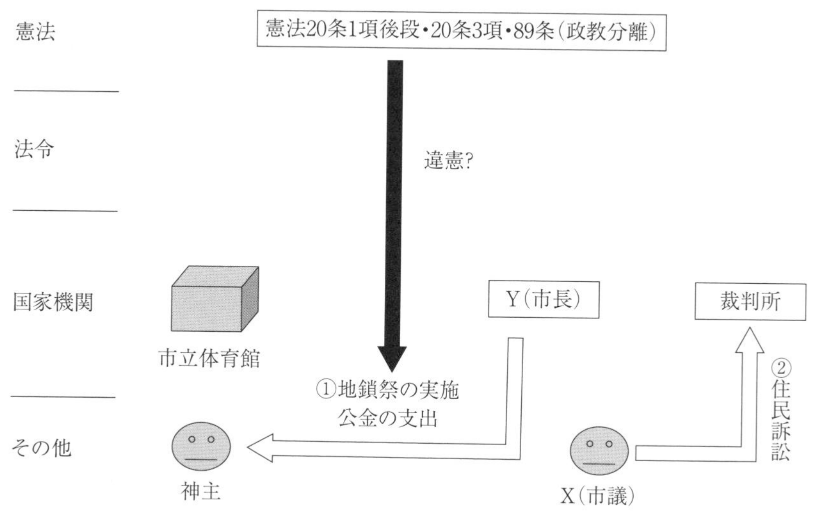

2．判決文に聞いてみよう

Q．何が政教分離違反になるか、判断する基準はあるの？

A．はい。憲法20条3項が禁止している「宗教的活動」とは、①国家と宗教とのかかわり合いが社会的・文化的条件に照らして相当とされる限度を超えるもので、②目的が宗教的な意義を持ち、③効果が宗教に対する援助、助長、促進または圧迫、干渉等になるような行為です（「目的効果基準」）。この3つの条件に当てはまるかどうかは、宗教的活動であると疑われている行為がどのような場所で行われているか、その行為を一般人がどう評価するか、行為を行った人が宗教的な意識をもっていたか、その行為が一般人にどのような影響を及ぼすことになるかといった様々な事情を考慮して、社会一般の常識にしたがい、客観的に判断しなければなりません。

Q．今回の地鎮祭はセーフ？　アウト？

A．セーフです。神道式の地鎮祭を実施したわけですから、市は宗教とかかわり合いをもったということになります。しかし、時代の移り変わりとともに、地鎮祭のもつ宗教的な意味合いは薄れています。一般人から見れば、地鎮祭は慣習となった社会的儀礼なのです。また、工事の無事安全を願って地鎮祭を行うことは、工事関係者にとって欠くことのできない行事とされています。市は、宗教的な意識をもって地鎮祭を行ったのではなく、工事関係者からの要請に応えるかたちで、一般的な慣習にしたがって地鎮祭を行いました。このような市の目的は、きわめて世俗的なものであると考えられます。また、今回のような地鎮祭が行われたとしても、そのことで神道を援助、助長、促進したり、他の宗教を圧迫、干渉したりする効果があるとは認められません。

⇒破棄自判（X敗訴）。

3．もう一歩先の勉強のために

Q．日本の政教分離規定には、何か歴史的な背景があるの？

A．はい。国家と宗教が結びついてしまうと、国家にとって都合の悪い教えを説くような宗教団体が迫害されるといった問題が起こります。実際に、第二次世界大戦中には、日本では神道に国教のような地位が与えられ、一部の宗教団体にきびしい迫害が加えられてしまいました。このような歴史的背景の下で、信教の自由をより確実に保障するために、国家と宗教の分離を制度として保障する政教分離規定が設けられたのです。元来、日本はキリスト教国やイスラム教国とは違って、様々な宗教がそれぞれ発達し、併存しています。このような宗教事情のもとで信教の自由を確実に実現するためには、ただ信教の自由を無条件に保障するというだけでは不十分で、国家とすべての宗教の結びつきを排除するために、政教分離規定を設ける必要が大きかったのです。

Q．文化財になっている神社の修理に税金を使うことなども一切NG？

A．いいえ。宗教は、教育、福祉、文化、風習など様々な場面で社会生活に関わるものですから、国家と宗教を完全に切り離すことは事実上不可能に近いといえます。政教分離原則を完全に貫こうとすると、かえって社会生活の様々な場面で不合理な事態が起こってしまうのです。たとえば、宗教系の私立学校に助成金を出したり、文化財的な価値のある神社や仏像の維持のために補助金を出したりすることまで禁止してしまうと、宗教を不利に取り扱うことになります。また、刑務所や少年院での教誨活動（僧侶や牧師などの宗教家が受刑者に宗教の教えを説いたり、法要や礼拝などの儀式を行ったりすること）も、それが宗教的であるという理由で一切許されないということになれば、かえって受刑者の信教の自由が大きく制約されることになりかねません。したがって、国家と宗教がある程度かかわり合いを持つことは仕方がないということを前提に、どこまでなら許されるのか考えていかなければなりません。

Q．この裁判所の判断は、ほかの判決に影響を与えている？

A．はい。この判決以後、最高裁は、政教分離原則が問題となったほとんどすべての事件において、この裁判所が示した政教分離規定についての説明（「制度的保障論」）を引用しています。また、基本的に、この判決が示した「目的効果基準」にしたがって判断を行っています。たとえば、戦死者を慰霊する「忠魂碑」の移転に関わる費用を市が負担したことについて争われた箕面忠魂碑事件（最三小判平成5年2月16日）では、市の行為の目的はもっぱら世俗的なもので、その効果も特定の宗教の援助等にはあたらないとして、合憲判決が下されています。

Q．目的効果基準によって違憲と判断された事例はある？

A．はい。愛媛玉串料事件では、最高裁は目的効果基準を用いて違憲判決を下しています（最大判平成9年4月2日）。この事件では、1981年から1986年にかけて、愛媛県が靖国神社の「例大祭」や「みたま祭り」といった祭りのために、玉串料等の名目で合計166,000円を公金から支出したことが問題とされました。最高裁は、津地鎮祭事件最高裁判決の判断枠組みにしたがって、①愛媛県が特定の宗教団体が行う重要な祭りに「かかわり合い」をもったことを認め、②玉串料等を奉納したことの「目的」は宗教的意義をもち、③その「効果」は特定の宗教に対する援助、助長、促進になるとして、憲法20条3項の禁止する宗教的活動、憲法89条の禁止する公金の支出に当てはまるとしています。

Q．地鎮祭はセーフで、玉串料の奉納はアウトと判断されたのはなぜ？

A．津地鎮祭事件では、地鎮祭は宗教的意義が薄れた「社会的儀礼」であるとされました。それに対して、愛媛玉串料事件では、神社が境内で行う重要な祭りに際して玉串料等を奉納することは、一般人の目から見て「社会的儀礼」とは到底評価できない、とされています。この点が決め手の1つであると考えられます。昭和から平成に天皇が代替わりする際に行われた儀式（即位の礼・大嘗祭）に県知事などが参列したことが政教分離違反かどうかが争われた事件でも、最高裁は目的効果基準を使いながら、そのような儀式への参列は「社会的儀礼」であって政教分離違反ではないと判断しています（最二小判平成 16 年 6 月 28 日）。

Q．宗教については、すべて目的効果基準で判断するということ？

A．いいえ。事案によっては、目的効果基準を用いないで判断が下されている例もあります。市が神社に土地を無償で提供していることが問題となった空知太神社事件では、最高裁は目的効果基準を使わずに、市有地が貸与されるようになった経緯や一般人の評価などを「総合的に判断」するべきとの枠組みを示しました。そのうえで、明らかに宗教的な施設である空知太神社に対して、市が長期間にわたって継続的に土地を無償で提供することは、憲法 89 条の禁止する公の財産の利用提供にあたり、憲法 20 条 1 項後段の禁止する宗教団体への特権の付与にも該当するとして、違憲判決を下しています（最大判平成 22 年 1 月 20 日）。

Q．政教分離については、他にどのような判例があるの？

A．山口自衛官合祀事件では、公務中に死亡した自衛官が護国神社に祀られたことが問題になりました。キリスト教徒の妻が、自衛隊が夫を神社に祀ったことは信教の自由を侵害し、政教分離違反であると訴えましたが、認められませんでした（最大判昭和 63 年 6 月 1 日）。靖国神社に内閣総理大臣が参拝することについても、多数の訴訟が起こされており、地裁・高裁では一部で違憲との判断もなされていますが、最高裁で違憲とされたことはありません（最二小判平成 18 年 6 月 23 日ほか）。

【22】神戸高専剣道実技履修拒否事件では、宗教上の理由から剣道の実技への参加を拒否した学生が退学処分になったことについて争われましたが、この事件で校長側は、「学生にレポート提出などの代替措置を認めることは特定の宗教を特別扱いすることになり、政教分離原則に違反することになる」と主張していました。

この判決のここが大事！

・憲法の政教分離規定が何のためにあるのかということについて、国家と宗教の分離を制度として保障することで間接的に信教の自由を保障するためにあるという見解（「制度的保障論」）を示した。

・何が憲法 20 条 3 項の「宗教的活動」に当たるかを判断する基準として、「目的効果基準」と呼ばれる基準を提示した。

24. 東大ポポロ事件（最大判昭和38年5月22日）
――警官は大学構内に立ち入っちゃダメ！？

1．何が起きた？

1952年、東京大学学生新聞の記事を見た警視庁本富士警察署の警官らは、同大学公認サークル「劇団ポポロ」主催の演劇発表会が、大学構内の教室で開催されることを知った。反植民地闘争デーの一環として松川事件（1949年に国鉄東北本線で発生し、死者3人を出した列車転覆事件。1952年、1審は労働組合員20人を全員有罪としたが、証拠とされた自白が強要されたものであること等が明らかになり、1963年の最高裁で全員の無罪が確定。）が冤罪事件であることを内容とする劇を上演するものであったため、情報収集の必要ありと考えた警官らは、発表会当日、入場券を買って私服で劇を監視した。

警官に気づいた学生Yは、退室しようとする警官らの腕を掴んで舞台前に連行し、警察手帳の提示を求めてコートの襟を引っ張ったり、洋服内ポケットに手を入れてボタン穴に紐でつけてあった警察手帳を引っ張ってその紐を引きちぎったりした。これらの行為が暴力行為等処罰法1条1項に違反するとして起訴された。

第1審、第2審判決はともに、Yの暴行行為を認めるも、大学の自治と学問教育の自由を守るための正当行為にあたるとして、Yを無罪とした。これに対して検察官が、上告した。

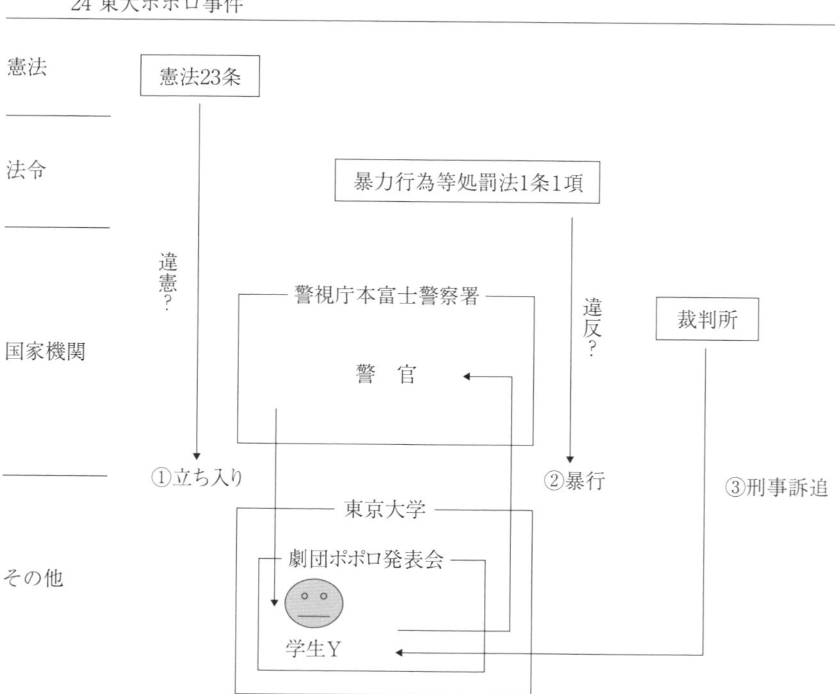

2．判決文に聞いてみよう

Q．学問の自由は、誰に対しても保障されているの？

A．はい。学問の自由は、①学問研究の自由、②研究結果の発表の自由を含むもので、これらは広くすべての国民に対して保障されます。他方で、「学術の中心として深く真理を探究し、専門の学芸を教授研究することを本質」とする大学においては、学問の自由が、一般の場合よりも広く認められ、③大学の教員がその専門の研究の結果を教授する自由も保障されます。

Q．大学は憲法で特別扱いされているの？

A．はい。大学における学問の自由を保障するために、伝統的に大学の自治が認められています。この自治は、特に大学の教員の人事について認められ、大学の教員は大学の自主的判断に基づいて選任されます。そのほか、大学の施設の管理と学生の管理に関して、大学には自主的に大学内の秩序を維持することが認められています。

Q．劇団ポポロの演劇発表会に警官が立ち入ったのはアウト？　セーフ？

A．セーフです。大学の自由と自治の直接の主体は、学生ではなく大学の教員であり、大学の施設を管理しているのは大学です。学生は、その効果として、学問の自由と施設の利用を認められているにすぎません。大学の自由と自治は、大学の本質に基づくものですので、大学における学生の集会も、単に大学公認の団体であるとか大学の許可した集会であるということではなく、その集会が「真に学問的な研究またはその結果の発表のため」になされる場合に限り、自由と自治が認められます。本件演劇発表会は、その内容から考えると、学問研究・発表ではなく、「実社会の政治的社会的活動に当る行為」といえます。したがって、警官の立ち入り行為は、大学の自由と自治を侵すものではありません。

⇒破棄差戻し（その後、Yは有罪）。

この判決のここが大事！

・本件の警察の活動は、犯罪捜査を行う刑事捜査活動（愛知大学事件控訴審判決（名古屋高判昭和45年8月25日）参照）ではなく、公共の安全と秩序の維持のために、将来起こり得る犯罪の予防・鎮圧に備えて情報収集を行う警備情報活動にあたる。滝川事件や天皇機関説事件など、治安維持法違反を取り締まった戦前の特別高等警察による弾圧が想起される。

25. チャタレー夫人の恋人事件判決（最大判昭和32年3月13日）
――芸術的な作品でもわいせつ文書になっちゃうの！？

1．何が起きた？

1948年に出版社の社長である被告人Y1は、イギリス人の著名な作家D・H・ロレンスの選書の刊行を企画し、その1冊目として『チャタレー夫人の恋人』の翻訳を文学者である被告人Y2に依頼した。

Y2はエロ・グロの内容の低俗な雑誌が流行している中で、性についての「正しい知識」を広げる必要があると考え、この翻訳を引き受けた。イギリスでは著者自身の手によって、同書から性描写を削除した公認英国版が出版されていることから、Y2は同書の完全版に基づいた訳稿をY1に渡したが、「慎重に考慮して、完訳のままで出版するなり、多少の手加減を加えるなりよく考えてくれ」という要望もつけ加えていた。

このY2の要望にもかかわらず、1950年にY1は訳稿に手を加えずに12ヵ所の性描写が含まれた上・下2巻の本件訳書を出版し、上巻約8万冊、下巻約7万冊を販売した。

そのため、Y1とY2はわいせつ文書販売罪（刑法175条）で起訴された。第1審ではY1は有罪、Y2が無罪とされたのに対し、第2審では両者ともに有罪とされた。これに対して、被告人らは本件訳書を販売したことは憲法21条1項が保障する表現の自由を行使したものであるなどとして、上告した。

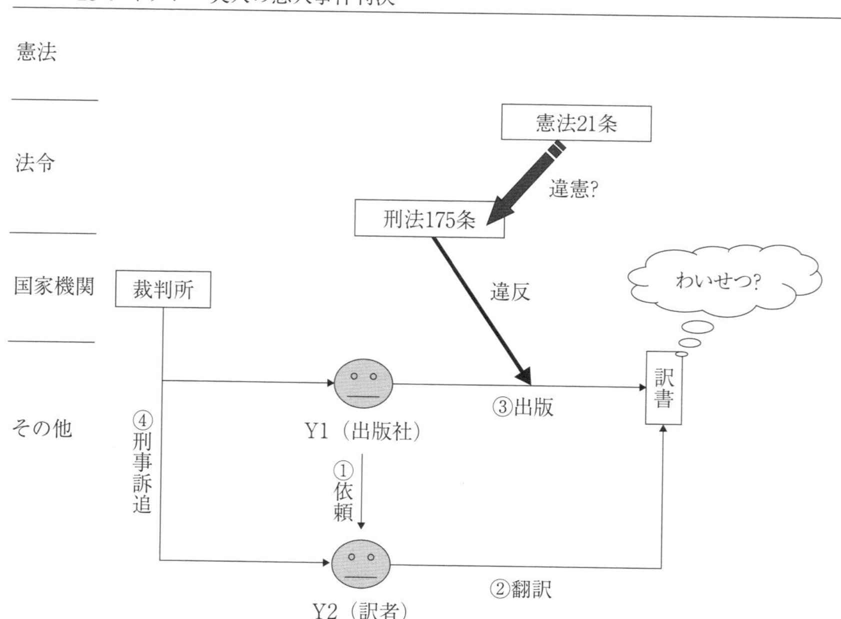

2．判決文に聞いてみよう

Q.「わいせつ」文書ってどんなもの？

A．刑法175条の「わいせつ」文書とは「徒らに性欲を興奮又は刺戟せしめ、且つ普通人の正常な性的羞恥心を害し、善良な性的道義観念に反するもの」をいいます。わいせつ文書は、人間性に由来する羞恥感情である「性行為の非公然性」に反するので、最小限度の性道徳を維持することを任務とする刑法によって、その頒布・販売が禁止されています。

Q.「わいせつ」文書ってどうやって判断するの？

A．わいせつ文書に当たるかどうかの判断は、「社会通念」にしたがって裁判所が判断しますが、本件訳書の性描写は相当大胆、微細、かつ写実的であり、「性行為の非公然性」の原則に反するので「わいせつ文書」に当たります。本件訳書は全体として芸術的・思想的作品であり、英文学界において相当の高い評価を受けていますが、芸術性とわいせつ性とは別異の次元に属する概念なので、芸術的に優れた作品であっても、わいせつ性をもつと判断されることもあります。高度の芸術性によって作品のわいせつ性が解消されるとは限らないからです。

Q.「わいせつ」文書だとしても表現の自由で保護されないの？

A．いいえ。憲法21条1項で保障される表現の自由も、憲法12条・13条の趣旨から「公共の福祉」によって制限されます。そして「性的秩序を守り、最少限度の性道徳を維持すること」は「公共の福祉」の内容をなすので、わいせつ文書は表現の自由として保護されません。

⇒上告棄却（Y1とY2はともに有罪）。

この判決のここが大事！

・この判決では芸術性とわいせつ性は次元の異なる概念だとされたが、のちの悪徳の栄え判決（最大判昭和44年10月15日）では、文書の芸術性などによって、わいせつ性が解消される場合があると認められた。実際に、四畳半襖の下張判決（最二小判昭和55年11月28日）では、芸術性なども考慮に入れ、文書全体が読者の好色的興味に訴えるか否かをもとにわいせつ文書の該当性を判断した。

26. 保守速報事件（大阪高判平成 30 年 6 月 28 日）
――まとめただけでもヘイトスピーチ？

1．何が起きた？

在日朝鮮人の X は、フリーライターとして、インターネットのニュースサイトや新聞などに記事を執筆している。

X は、日本における差別問題や慰安婦問題について発言を続けているうちに、ネット上の匿名掲示板や SNS などにおいて、X が在日朝鮮人であることを理由とした誹謗中傷（ヘイトスピーチ）を浴びるようになった。

こうしたネット上の投稿内容を編集して記事にする「まとめサイト」である保守速報の管理人 Y は、「マジこいつゴミ」「朝鮮の工作員」「X のようなカスを日本に住まわせる義理があるのか？　日本から叩き出せ」「寄生虫」「違法移民なんだよね、居座ってるだけで」「日本が嫌いなら出て行けばいいだけの話」などの X を攻撃するネット上の投稿に色を付けるなどの加工を施し、まとめたブログ記事を掲載した。

X は、保守速報による 45 本のブログ記事の掲載が X に対する名誉毀損や人種差別に当たり、精神的苦痛を被ったとして、Y に対して 2200 万円の損害賠償を請求した。

第 1 審判決は、ブログ記事の内容が名誉毀損や人種差別に当たることを認め、Y がブログ記事を掲載した行為は憲法 13 条に由来する人格権を侵害したとして、Y に対して 200 万円の支払いを命じた。

これに対して、Y が控訴した。

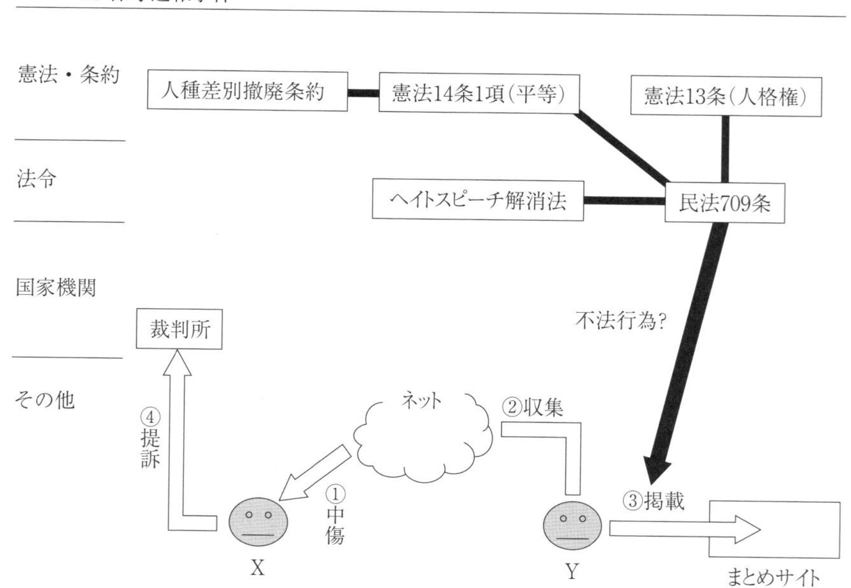

2．判決文に聞いてみよう

Q．「日本が嫌いなら出て行けばいい」はヘイトスピーチ？

A．はい。第 1 審判決で認められているように、今回争われている保守速報のブログ記事は、在日朝鮮人であることを理由に X をひどく侮辱し、日本の地域社会から排除しろとあおるものです。このような内容は、法の下の平等を定めた憲法 14 条 1 項、ヘイトスピーチ解消法、人種差別撤廃条約の趣旨・内容に反する人種差別に当たります。

Q．ネット上の投稿をまとめただけでもヘイトスピーチになるの？

A．はい。保守速報の管理人である Y は、順番を並び替えたり、文字を拡大・色付けしたり、ネット上の投稿内容を編集してブログ記事にまとめています。この「まとめ」によって、今回のブログ記事は引用元の投稿よりもわかりやすくなり、読者に与える心理的な印象も強烈なものになっています。Y によるブログ記事の掲載は、一定の意図をもって新たな文書を「配布」しているものといえます。したがって、引用されている個々の投稿の内容ではなく、ブログ記事全体が名誉毀損や人種差別に当たるかを判断するべきです。

Q．この事件の Y はアウト？　セーフ？

A．アウトです。Y は、在日朝鮮人である X を攻撃する内容のブログ掲載を執拗に繰り返しました。そのような不法行為によって X が多大な精神的苦痛を被ったことが認められます。Y に 200 万円の支払いを命じた第 1 審判決は妥当です。

⇒控訴棄却（X 勝訴。最高裁は上告を認めなかったので、この第 2 審判決が確定）。

この判決のここが大事！

・特定の人種・民族・性別・宗教・社会的地位などに属する人を排除するようにあおったり、憎しみを込めてひどく侮辱したりするような差別的表現のことをヘイトスピーチという。

・2016 年 6 月、ヘイトスピーチ解消についての基本理念を定め、国・地方公共団体がその解消に向けた取組を行う責務を負うことを明らかにする「ヘイトスピーチ解消法」が施行された。

・在日朝鮮人であることを理由に侮辱し、「日本から出て行け」等とネットに書き込むことが、憲法・条約・ヘイトスピーチ解消法の趣旨および内容に反する人種差別に当たるとされた。

・関連する判例として、川崎ヘイトデモ差止事件（横浜地川崎支決平成 28 年 6 月 2 日）、京都朝鮮学校に対するヘイトスピーチをめぐる事件（民事・最三小決平成 26 年 12 月 9 日、刑事・京都地判令和元年 11 月 29 日）参照。

27. 戸別訪問禁止訴訟（最二小判昭和56年6月15日）
――投票のお願いするために家に行って何が悪い！？

1. 何が起きた？

1976年12月5日に衆議院議員選挙が行われた。その選挙期間中にYら2名は、戸別訪問をして自分が支持している候補者に投票をお願いした。

そのためYらは公職選挙法138条の戸別訪問禁止規定に違反したとして、起訴された。

これに対してYは、戸別訪問禁止規定が憲法21条の保障する表現の自由を侵害するものであるとして違憲無効を主張した。

第1審は、まず、民主主義において国民が正しい情報を得るためには、マス・メディアや政治家から発信される情報だけではなく、「他の国民からフェイス・ツー・フェイス」で「意見を聞くことも重要である」と述べた。

その上で、表現の自由は民主主義の観点から人権のなかでも優越的なものなので、「選挙の自由と公正」を確保するために必要かつ最小限度の規制しか認められないという枠組みを設定した。

そして、戸別訪問を禁止する合理的な理由は見つからないとして、公職選挙法138条は違憲であり、Yらを無罪と判断した。これに対して、国側が控訴した。

第2審も、もし戸別訪問を一律に禁止しなかったとしても、「選挙の自由と公正」にとって弊害が必ず生じるというわけでないと述べ、公職選挙法138条は違憲であるとして、ふたたびYらを無罪と判断した。

これを受けて、国側が上告した。

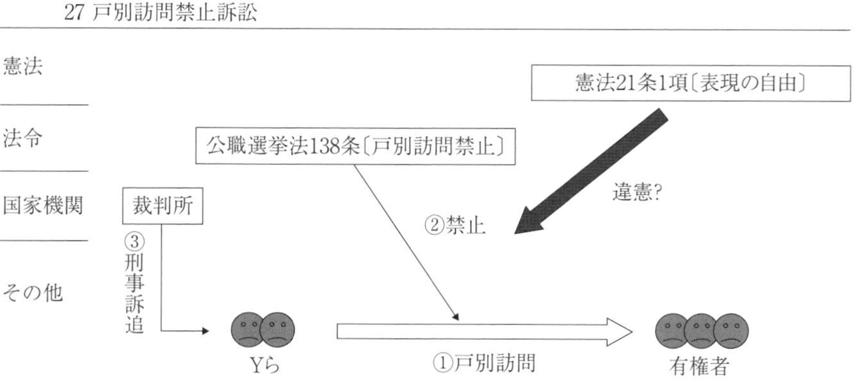

2．判決文に聞いてみよう

Q．戸別訪問禁止規定はやっぱり違憲ですか？

A．いいえ。合憲です。第 1 審と第 2 審が違憲とした判断には間違いがあります。

Q．なんで戸別訪問禁止規定が合憲なの？

A．そもそも、これまでの最高裁の判決でも、戸別訪問禁止規定は合憲と判断されてきました（最大判昭和 44 年 4 月 23 日)。なので、第 1 審と第 2 審の判断はそれら判例に反しています。

Q．これまでの最高裁判決が間違っていた可能性は？

A．これまでの最高裁判決は維持されるべきです。戸別訪問は、買収の温床になったり、投票が個人の感情や利益に支配されやすくなるなどの弊害をうむ可能性があります。こういった弊害を防ぎ、選挙の自由と公正を確保するのが公職選挙法 138 条の目的といえます。この目的は正当ですし、また、この目的を達成するために戸別訪問を一律で禁止することは合理的に関連しています。

そもそも、戸別訪問の禁止は、「○○候補者に投票して欲しい」と意見を言うことそれ自体を規制するのではありません。あくまでも、そういった意見の伝え方を規制しているだけです。戸別訪問以外の方法で特定の候補者に投票を依頼することまでもが禁じられているわけではないので、戸別訪問禁止規定によって失われる利益はそんなに大きくありません。

それに対して、戸別訪問禁止規定によって選挙の自由と公正という大きな利益が得られます。それゆえ、この規定は合理的で必要やむをえないものなので、憲法 21 条に違反するとは考えられません。

⇒破棄差戻し（Y らは有罪)。

この判決のここが大事！

・公職選挙法の戸別訪問禁止規定は、単に表現手段の禁止に伴う限度での間接的・付随的な制約に過ぎず、逆に、戸別訪問禁止によって得られる利益は失われる利益よりもはるかに大きいため、憲法 21 条が保障する表現の自由には反しない。

・この判決の約 1ヶ月後、別の最高裁小法廷も、戸別訪問禁止規定を合憲と判断した（最三小判昭和 56 年 7 月 21 日)。そこでの伊藤正己裁判官補足意見によれば、立候補者が法の定める合理的なルールを守ることで公正な選挙が行われ、「選挙に関する事項は法律で」定めるとする憲法 47 条を踏まえ、どのようなルールを定めるかは国会に広く委ねられるとしている。

・戸別訪問規制の他にも、ビラなどの文書活動規制（公職選挙法 142 条）を合憲とした判決（最大判昭和 30 年 3 月 30 日）がある。また政見放送において、NHK が候補者の差別発言の音声を削除して放送したことを、政見放送に「品位」を求める規定（公職選挙法 151 条の 2）に基づき認めた判例（最三小判平成 2 年 4 月 17 日）もある。

28. 博多駅事件（最大決昭和44年11月26日）
――取材する自由と報道の自由は何が違うのか？

1．何が起きた？

1968年1月、米軍原子力空母の寄港に反対するため学生約300人が博多駅で下車した。機動隊が学生たちを駅構内から排除しようとした際、学生側と衝突があった。その際の機動隊員の行為が職権を乱用し、暴行を加えたものであるとして、学生らは、特別公務員暴行陵虐罪（刑法195条）、公務員職権乱用罪（刑法193条）で福岡地検に告発したが、不起訴処分となったため、刑事訴訟法262条による付審判請求を行った。福岡地裁は、審理のために、当時博多駅の事件現場を取材し、テレビフィルムに撮影していたRKB毎日放送ら民法各社とNHK福岡放送局に対し、「事故の状況を撮影したフィルム全部」の提出を命じた（刑事訴訟法99条）。大人数が交錯する事件現場で、加害者や被害者を特定することも容易ではなかったためである。これに対し、民放各社とNHKは、本件提出命令は報道の自由を制約するため、表現の自由を保障した憲法21条に違反するものであると主張し、その取消しを福岡高裁に求めた。警察や裁判所に取材資料を提出すると、将来の取材協力者を得ることが困難になり、結果として報道活動自体にも支障が出るためである。同高裁は、真実の発見という裁判の使命のためには取材の自由、報道の自由が妨げられたとしても公共の福祉によるやむをえない制約であり、憲法違反とはいえないとしてこれを退けたため、最高裁へ特別抗告がなされた。

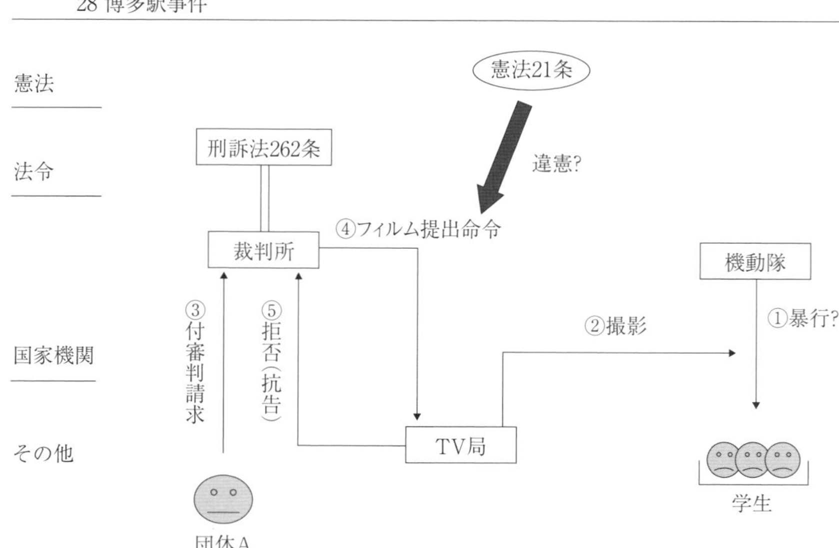

2．判決文に聞いてみよう

Q．憲法21条の「表現の自由」に報道の自由は含まれる？

A．はい。民主主義社会では、国民が政治のことを考え、判断する必要があり、そのために公平中立で質の高い情報が重要です。報道機関の報道は、そうした国民の「知る権利」に奉仕するものでもありますから、事実を報道する自由は、憲法21条によって保障されます。

Q．報道するために必要な取材活動も憲法上の保護を受ける？

A．はい。報道が正しい内容をもつためには、取材が不可欠です。したがって報道のための取材の自由も、憲法21条の精神に照らし、十分尊重に値するものといえます。ただし、取材の自由といっても、公正な裁判の実現のような憲法上の要請があるときには、ある程度の制約を受けます。その際には、一方では犯罪の性質、態様、軽重、取材したものの証拠としての価値、他方では取材したものを証拠として提出させられることによって報道機関の報道の自由が妨げられる程度や影響の度合いを比較衡量して判断する必要があります。

Q．テレビフィルムの提出命令は違憲？　合憲？

A．合憲です。被疑者、加害者も特定できない状況において中立的な立場から撮影したテレビフィルムは貴重な証拠です。また、フィルムにはすでに放送済みのものも含まれていますから、報道機関が被る不利益は報道の自由そのものではなく、将来の取材の自由が妨げられるおそれ程度のものですので、提出命令もやむをえないといえます。

⇒特別抗告棄却（TV局側敗訴）。

この判決のここが大事！

・民主主義社会における知る権利の重要性を踏まえ、報道の自由が憲法21条によって保障されることを認め、取材もまた報道が正しい内容を持つために不可欠であるとした点で、メディアやジャーナリズムの法的問題を考えるうえで極めて重要な判決である。

・しかし、国民の知る権利と結びついた報道の自由は憲法21条によって保障されるが、取材の自由は同条の精神に照らし「十分尊重に値する」ものとされ、保障の程度に差があるようにみえる。テレビフィルムの提出も、報道の自由そのものではなく、取材の自由の制約として考えられている。このような区別は妥当だろうか。本件に類似したTBS事件（最二小決平成2年7月9日）、日テレ事件（最二小決平成元年1月30日）も踏まえ、考えてみよう。

29. NHK受信料訴訟（最大判平成29年12月6日）
――受信料の支払いには納得できない！

1．何が起きた？

X（NHK）は1950年に放送法に基づき設立された。放送法は、公共放送と民間放送を設け、両者の競争により、放送秩序が全体として活性化することを想定している。Xは、公共放送として、豊富で良質な番組を日本全国に提供することを目的としている。そのための財源は、放送を受信できる設備を設置した者が、Xとの間で受信契約を締結し、受信料を支払うことによって支えられている。

Xは最近まで、受信設備を有するが受信契約を締結しない者に対しては、説得を試みるだけであった。しかし、Xに不祥事が相次ぎ、受信料の不払者が増大したため、裁判を通じて受信料の支払いを強制しようとした。

Yは、2006年3月22日以降、自宅にテレビを設置しているが、Xの放送は見ていなかった。Xは、2011年9月21日到達の書面で、Yに受信契約の申し込みを行ったが、Yは承諾には応じず、受信料の支払いも拒絶した。そこでXは、Yに対して、受信契約の締結と受信料の支払いを求めて提訴した。

第1審と第2審は、Xの訴えを認め、Yに受信契約の締結を命じた。それに対して、Yは、Xの放送を視聴していない者にも、受信契約の締結を強制する放送法64条1項は、憲法21条の保障する「民放だけを視聴する自由」を侵害し、憲法に違反すると主張して上告した。

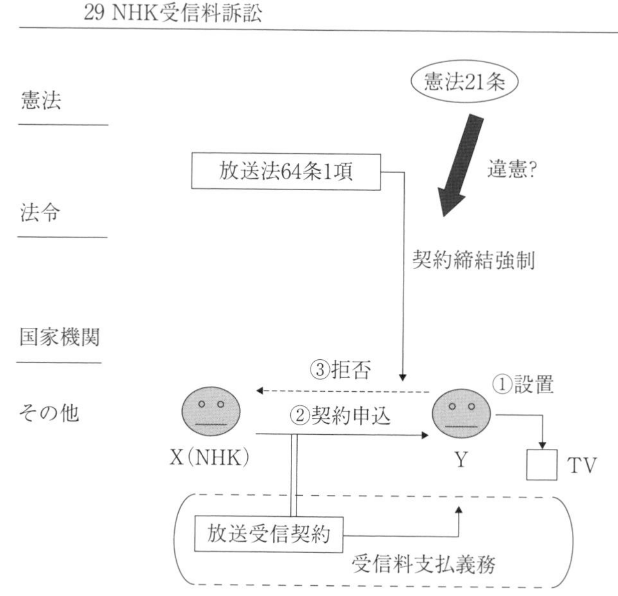

2．判決文に聞いてみよう

Q．公共放送は憲法と関係しますか？

A．はい。憲法 21 条は表現の自由を保障しています。放送は国民の知る権利を実質的に充足し、健全な民主主義の発達に寄与しますので、国民に広く普及されなければなりません。放送法は、この意義を反映して、民間放送とともに公共放送を設立しました。受信料制度は、特定の個人・団体・国家機関から財政面での支配や影響が及ばないよう、NHK が受信設備設置者全体に支えられることを示しています。

Q．テレビを設置したら受信契約の締結が強制されますか？

A．はい。放送法 64 条 1 項は、受信設備設置者は、NHK との間で「その放送の受信についての契約を締結しなければならない」と定めています。この規定は、NHK の財政的基盤を確保するために、法的に強制力のある手段として設けられました。受信設備設置者が受信契約の申し込みを承諾しなくても、裁判所は承諾の意思表示を命じることができます。この判決の確定とともに受信契約は成立することになります。

Q．受信契約の締結を強制する仕組みは合憲ですか？

A．はい。受信料制度は国民の知る権利を実質的に充足する手段として合理的なものです。契約の仕組みを設けることは、NHK に受信設備設置者の理解を得ることを促すものですし、現在の契約内容は適正で公平なものとなっていますので、契約の締結を強制することも許容することができます。そもそも憲法は、現行の放送法から離れて、民放だけを視聴する自由を保障していません。

よって、放送法が受信契約の締結を強制することは憲法に違反しません。Y は、X に対して、受信契約を締結し、受信料を支払わなければなりません。

⇒上告棄却（X 勝訴）。

この判決のここが大事！

・最高裁は、知る権利や民主主義の観点から、受信契約の締結強制を合憲と判断した。しかし、それとともに、NHK が国家機関から干渉を受けないことや、受信設備設置者の理解を得ていくことも強調している。NHK にはそのような報道姿勢が求められる。

30. 税関検査訴訟（最大判昭和59年12月12日）
――海外では発表されてるんだから…

1. 何が起きた？

Xが手に入れたい本や映画のフィルムは、日本では手に入らなかった。しかし、海外では売られていることが分かった。そこでXは、外国の商社に注文し、輸入しようとした。商社は商品を郵送し、郵便局に到着した。

輸入品に対しては、関税の徴収や貿易の取締等を行う行政機関である税関の職員が、関税法にもとづき検査することとなっていた。検査すると、商品は関税定率法21条1項3号（現：関税法69条の11）で輸入禁制品と規定されたわいせつ物に該当すると分かった。この場合、商品は没収して破棄するか、輸入者（この場合X）に外国へ送り返すよう求めると、税関はXに通知した。

これにXは異議申立を行ったが、棄却されたので、本件の通知に対する取消しを求めて裁判を起こした。そして税関検査は憲法21条2項で禁止された検閲であると主張した。

第1審は、税関検査を違憲とし、本件通知と棄却の決定を取り消した。一方、第2審は第1審判決を取り消した。そこでXが上告した。

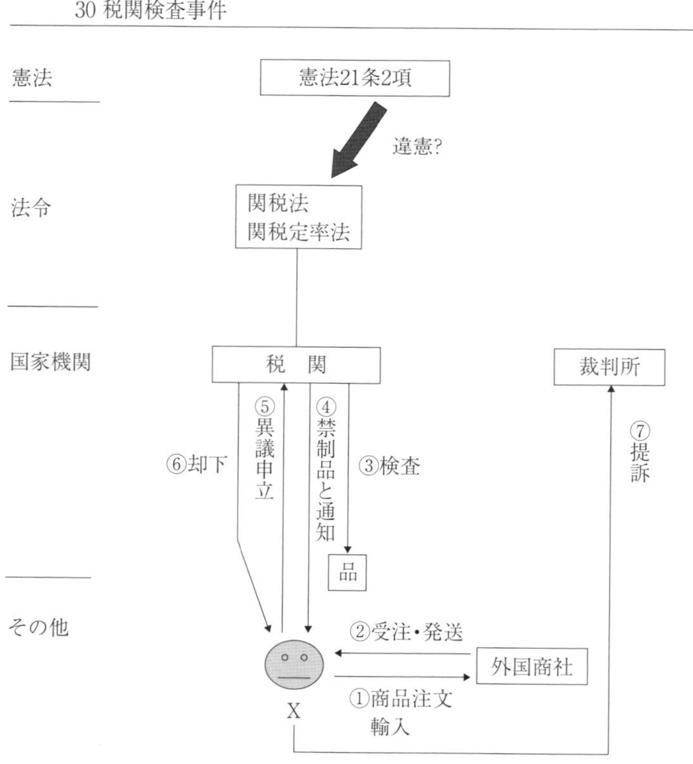

2．判決文に聞いてみよう

Q．憲法21条2項にいう「検閲」とは何ですか？

A．検閲とは、①「行政権が主体となって、思想内容等の表現物を対象」に行うものです。②検閲は、対象とされる表現物の「全部又は一部の発表の禁止を目的」に行われます。そして、③表現物を「網羅的一般的に、発表前にその内容を審査した上」で、不適当と認めるものの発表を禁止するという効果を備えたものを指します。こうした特徴をもった意味での検閲は、文字通り絶対的に禁止されるのです。

Q．では、税関検査とは何ですか？

A．税関検査は輸入品の税金を取るために行われます。それは広く輸入される貨物や手紙以外のもの全般を対象としています。よって、税関検査は思想内容等それ自体を網羅的に審査し規制することを目的としていません。仮に思想内容等の表現物の輸入を税関で止められても、裁判所で調べてもらうことができます。よって、行政権の判断が最終的なものとされるわけではありません。

Q．税関検査は憲法21条2項にいう「検閲」に該当しますか？

A．いいえ、該当しません。上で述べてきた点からみて、冒頭の「検閲」の定義にはあてはまりません。

⇒上告棄却（X敗訴）。

この判決のここが大事！

・税関検査で輸入禁止となる表現物は、国外ですでに発表済みのものである。よって、輸入が禁止されるだけで、発表の機会が完全に奪われるわけではない。また、税関検査は思想内容等を網羅的に審査して規制するものではないし、行政権の判断が最終的になるわけでもない。よって税関検査は憲法が禁止する検閲ではない。

・検閲以外には、裁判所が出版を差し止める事前抑制というケースがある。ただし、これが認められるのは例外で、表現内容が真実でなく公益と関係ない、傷つけられる名誉等が重大で回復できないといった場合のみ、認められるに過ぎない（刑法230条の2参照）。

・本件で輸入禁制品としてあつかわれた「わいせつな表現物の規制の問題」については、【25】チャタレー判決を参照。

31. 北方ジャーナル事件（最大判昭和61年6月11日）
――この政治家は「詐欺師、凶賊、大道ヤシ」ですが、何か？

1．何が起きた？

北海道A市の元市長であるYは、北海道知事選挙に立候補する予定であった。出版社Xは、同社が発行する雑誌「北方ジャーナル」にYに関する記事を載せ、1979年2月頃発売予定の4月号として刊行の準備をしていた。

その内容は、Yを「インチキ製品を叩き売っている（政治的な）大道ヤシ」、「素顔は、昼は人をたぶらかす詐欺師、夜は闇に乗ずる凶賊」などとYの人格を評し、Yが知事に相応しくない人物であることを強調する真実性に欠けるものであった。

事前に雑誌の内容を知ったYが、地方裁判所に出版の差止めを求めたところ、裁判所はこれを認めて、出版を事前に差し止める仮処分をおこなった。これにより、雑誌刊行のタイミングを失ったため、Xは、裁判所の差止命令が違法であり、それによって損害を受けたとして、国に対する国家賠償請求とともに、Yに対する損害賠償請求をする訴訟を提起した。

第1審、第2審とも、Xの出版によって、明白にYの名誉毀損状態が作り出されようとしており、しかもそれによってYはかなりの損失を受けることが明らかであるだけでなく、その回復は極めて困難と考えられるから、事前の出版差止めが認められるとして、Xの訴えを認めなかった。そこで、Xが上告した。

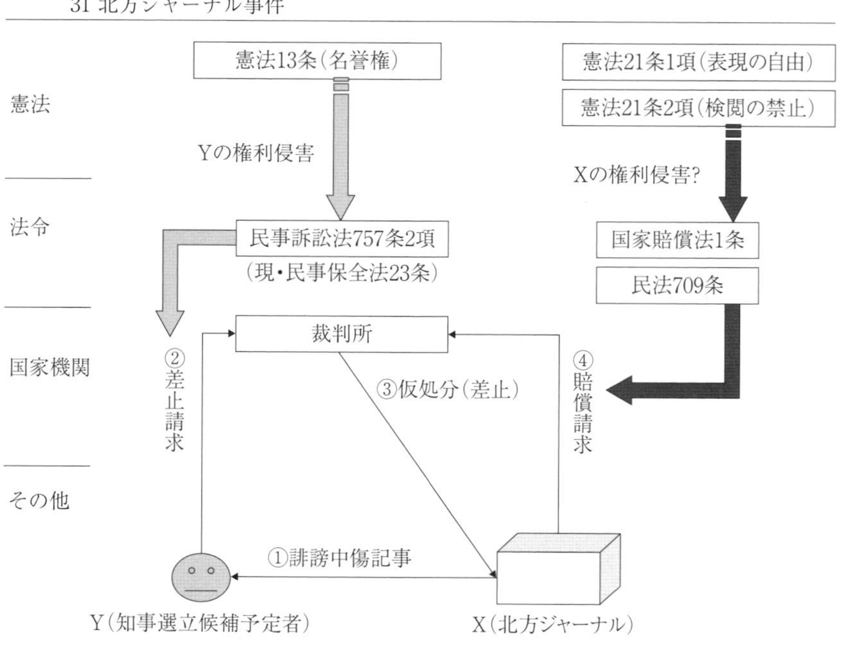

2．判決文に聞いてみよう

Q．裁判所による事前差止めの仮処分は、「検閲」にあたりますか？

A．いいえ。「検閲」（憲法 21 条 2 項）の定義は【30】税関検査事件で示されていますが、仮処分による事前差止めは、司法裁判所が個別的な紛争事件について、当事者の申請に基づいて権利の保全を行うための行為ですので、行政機関が表現物の内容を広く一般的に審査して事前規制をする目的である検閲とは異なります。

Q．将来生じる名誉毀損の損害を予防するための差止めは可能ですか？

A．はい。一般人の場合、名誉権（憲法 13 条）に基づいて名誉毀損となるような表現活動によって将来生じる侵害行為を予防するため、加害者に対し、その差止めを求めることができます。

もっとも、その表現活動が公務員又は公職選挙の候補者に対する評価、批判等に関するものである場合には、そうした表現活動の方が優先されますので、原則として事前差止めは許されません。

しかしながら、その表現内容が真実でないとか、全く公益を図る目的のものでないことが明白であるといった場合で、その表現活動を放置することで、被害者に重大にして著しく回復困難な損害が生じる危険性があるときに限り、例外的な事前差止めが許されると考えられます。

Q．この事件の場合は、事前差止めが許されるということですか？

A．はい。公職の候補者である Y に関する情報は公共のためにも広く知られることが民主主義のためにもなりますが、X が流そうとした情報は明白な名誉毀損で、公の利益に役立たないことが明らかで、Y の名誉を回復困難な程度に傷つけるものですから、例外的に差止めが認められる事例です。また、この場合は、事前に裁判所が X から事情を聞く手続（審尋）も必要ありません。

⇒上告棄却（X 敗訴）。

この判決のここが大事！

・表現の自由（憲法 21 条 1 項）と名誉権・プライバシー権（憲法 13 条が）を調整するための仕組みは、刑法 230 条の 2 という条文にも見ることができる。

・夕刊和歌山時事事件（最大判昭和 44 年 6 月 25 日）では、刑法 230 条の 2 第 1 項の「事実」が真実であることの証明がない場合でも、行為者がその事実を真実であると誤信し、その誤信したことについて相当の理由があるときは、犯罪の故意がなく、名誉毀損罪は成立しないとして、表現の自由の保障範囲を広げている。

・月刊ペン事件（最一小判昭和 56 年 4 月 16 日）では、公務員や公職の候補者だけでなく、社会的に一定の影響力を持つ私人についても、刑法 230 条の 2 第 1 項にいう「公共ノ利害ニ関スル事実」にあたる場合があると判示している。

32. 家永教科書裁判（最三小判平成5年3月16日）
——教科書を自由に書いてはいけないの？

1．何が起きた？

X（家永三郎）は、東京教育大学（現：筑波大学）で歴史学の教授を務めていた。

学校教育法34条等により、小学校、中学校、高等学校等では文部大臣（現：文部科学大臣）の検定を経た教科用図書教科用図書を使用しなければいけないと規定しており、その際に行われる検定のことを教科用図書検定（以下、教科書検定）と呼んでいた。

Xは1952年から高校生用の日本史教科書『新日本史』を執筆してきたが、1960年の学習指導要領改定に伴い全面改訂した際に、文部大臣から検定不合格とされた。290箇所の修正を指示され、それを受け入れ修正し翌年に出版した。Xは①教科書検定制度と②その検定制度を元にした不合格処分や条件付合格処分といった検定処分が教育を受ける権利を規定する憲法26条、表現の自由を規定した憲法21条、学問の自由を規定した憲法23条に違反するとしてY（国）に対して国家賠償法に基づく慰謝料等を求めて提訴した。

第1審は①検定制度は合憲としたが②検定意見の一部に違法なものがあったとして慰謝料を認めた。第2審は①検定制度は合憲、②検定意見にも裁量権の逸脱はないとして、Xの請求を棄却した。そこで、Xが上告した。

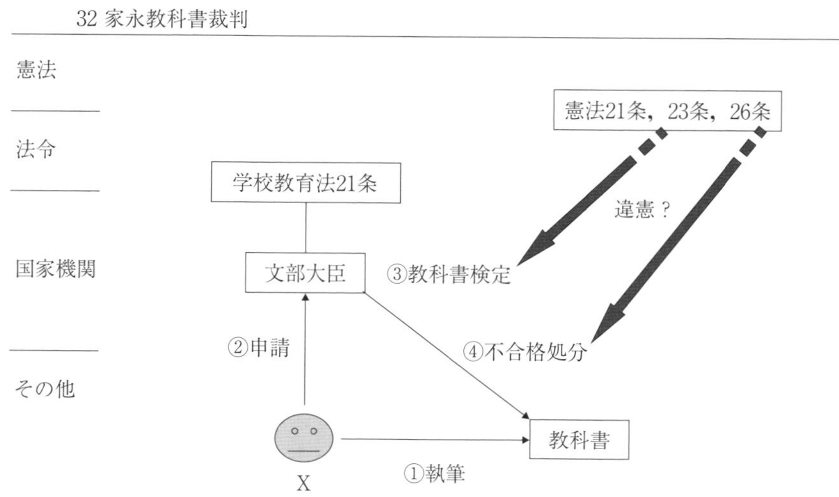

2．判決文に聞いてみよう

Q．教科書検定は子どもの教育を受ける権利を侵害するの？

A．いいえ。国は子どもの利益を守るため、必要かつ相当と認められる範囲において、子どもに対する教育内容を決定する権限と能力があります。もっとも、誤った知識や一方的な観念を子どもに植え付けるような内容の教育を強制することは許されません。教科書検定は誤記や誤植といった形式的なものだけでなく、教育内容にも及びますが、教育内容は正確で中立、公正で全国的に一定の水準が求められているので、それらの要請を実現する教科書検定は子どもの成長を妨げるようなものではないので、教育を受ける権利を侵害しません。

Q．教科書検定は憲法21条に反する検閲なの？

A．いいえ。検閲ではありません。教科書検定は一般図書としての発行を何ら妨げるものではなく、発表禁止目的の制度でもないので、検閲には当たりません。表現の自由の制約ではありますが、表現の自由も無制約ではなく合理的で必要やむを得ない限度の制約には服します。教科書検定は、普通教育の場で必要とされる中立・公正、一定水準の確保を目的とするものであり、不適切な教科書の発行・使用禁止は必要やむを得ない限度の制約なので、憲法に照らしても許されます。また教科書という特殊な形態による発行を禁ずるに過ぎません。

Q．教科書検定は、憲法23条に違反するの？

教科書は教科の主な教材として教育の場で使用される児童、生徒用の図書であり、学術研究の結果の発表を目的とするものではないので、教科書検定は学問の自由を保障する憲法23条に違反しません。

Q．結局、教科書検定はセーフ、アウト？

A．セーフです。アウトになるのは、検定に看過しがたい過誤があった場合です。その時は、裁量権の範囲を逸脱したとして違法という評価を受けます。今回は検定意見に看過しがたい過誤があったとはいえないので、違法とはいえません。

⇒上告棄却（X敗訴）。

3．もう一歩先の勉強のために

Q．教科書検定に対する裁判は他にもありますか？

A．はい。そもそも家永訴訟とも呼ばれる教科書検定をめぐる裁判は一つの裁判ではなく、30年以上に渡り三次訴訟まで提起されたものです。上記で取り上げられているのは、第一次家永教科書裁判の最高裁判決です。

Q．学習指導要領とは何ですか？　法的拘束力はあるのですか？

A．学習指導要領とは文部省（現：文部科学省）が定めた教育課程を編成するための基準です。日本のどこでも一定水準の教育を受けられるように教科の目的や大まかな教育目標を定めています。【42】旭川学テ事件判決や学習指導要領を無視した授業を行った教員に対して処分について争われた裁判（伝習館高校事件：最一小判平成2年1月18日）において大綱的基準として一定の範囲での法的拘束力が認められています。

Q．教科書のどういった部分に修正意見が付けられたのですか？

A．290箇所全部を挙げることは紙幅の都合上できませんので、いくつか取り上げてみます。貴族院や枢密院の位置づけ、戦後のアメリカの影響を受けた政策（破壊活動防止法制定や再軍備）に対する国民の評価等、多岐にわたりますが主なものはアジア・太平洋戦争に関するもので「もっと戦争の明るい面を出さなければならない」や「無謀な戦争という評価は一方的である」という意見が文部省から付されました。

Q．一連の裁判で教科書検定制度を違憲とした判決はあるの？

A．いいえ。検定制度自体を憲法違反と判断した判決はありません。ただし、第二次訴訟の第1審判決（杉本判決：東京地判昭和45年7月17日）では、「審査が思想内容に及ぶものでない限り」検閲には該当しないが、問題となっている不合格処分は執筆者の思想内容を事前に審査するものであり検閲にあたるとしました。つまり、制度自体は違憲ではないが、制度の適用のあり方に問題があったという適用違憲という考え方を取りました。

Q．第二次訴訟は何を求めていたの？

A．1966年の教科書検定でも『新日本史』が不合格になったので、その処分の取り消しを求める訴訟でした。第1審では原告勝訴だったので、被告の国が控訴しました。第2審では、憲法判断は行わず国の裁量権の行使に違法があったとして控訴を棄却しました。そこで国は最高裁に上告したのですが、裁判の途中で高校の学習指導要領が改正されてしまいました。そのため、最高裁は訴えの利益の有無（裁判の前提となる事実が変わってしまったので、判決を下す意味があるか否か）を判断させるために高裁に破棄差戻し（最一小判昭和57年4月8日）しました。東京高裁は、学習指導要領の改正により、訴えの利益が無くなったとして、第1審判決を取消し、訴えを却下しました。

Q．第三次訴訟はどうなったの？

A．第三次訴訟は、教科書検定が修正意見・改善意見を付すこと自体の違憲性、違法性を争った裁判でした。第三次訴訟でも教科書検定で意見を付すこと自体は、意見の当否にかかわらず違法とならないとされました。

Q．第三次訴訟も最高裁では原告の主張は認められなかったの？

A．いいえ。検定意見を付けること自体は問題ないとされましたが、検定意見の具体的内容に問題があったため一部原告の主張が認められました。七三一部隊に関する記述に関する記述について、信用できる学問的研究が発表されていないので削除するように求めた検定意見がありました。しかし、検定当時すでに多数の文献・資料が公刊されており七三一部隊を否定する学説の方が存在しない、少なくとも一般的には知られていませんでした。このことから検定に看過しがたい過誤があったとし、裁量権の逸脱した違法があるとして、国家賠償を認めました。

Q．子どもに対する教育内容は、誰がどのように決めるの？

A．このことに関しては、「国民の教育権」を重視する人達と「国家の教育権」を重視する人達で議論されてきました。「国民の教育権」論は、国家による教育内容への介入を否定し、親や教師が教育内容に責任を持つべきだとしました。それに対して「国家の教育権」論は、国家こそが国民の信託を受けて、教育内容を決定するべきだとしました。【42】旭川学テ事件判決では、「国民の教育権」と「国家の教育権」はいずれも極端かつ一方的であるとし、親の家庭教育の自由や学校選択の自由、教師の教育の自由などを認める一方で、必要かつ相当と認められる範囲で国の教育内容決定権を認めました。

この判決のここが大事！

・この判決の裏側には教育内容を決めるのは国民なのか国家なのかという「国民の教育権論」vs「国家の教育権論」という対立がある。

・なぜ、教科書を完全自由化しないのか、その反面、教科書の発行を国に限る国定教科書にしないのか。【42】旭川学テ事件判決なども参照にしながら、教科書内容に誰が責任を持つべきか考える必要がある。

33. 泉佐野市民会館使用不許可事件（最三小判平成7年3月7日）
——危なそうな人たちには市の施設を使わせなくてもＯＫ？

1．何が起きた？

関西国際空港の建設に反対する人たち（X）が、大阪府泉佐野市にある市民会館で集会をするために市に利用申請を行った。しかし、泉佐野市（Y）はその申請を拒否した。そのため、Xは別の場所で集会を行わざるをえなくなった。Xは、別の場所で開催するのにかかった費用等をYに請求するために提訴した。

Xは全関西実行委員会という名義だが、実体は中核派という過激な活動組織であった。その当時、中核派は空港に反対するために爆破や放火といった違法な実力行使をしていた。また革マル派や第四インターといった別のグループと対立抗争を続けていた。

憲法は21条1項で集会の自由を保障している。また地方自治法244条2項は「正当な理由がない限り、住民が公の施設を利用することを拒んではならない」、3項で「住民が公の施設を利用することについて、不当な差別的取扱いをしてはならない」と定めており、その規定は条例で定めることになっていた。Yは市立泉佐野市民会館条例を作り、7条で⑴公の秩序を乱す場合⑵建物、設備等を破損または汚損するおそれがある場合⑶その他会館の管理上支障があると認められる場合には、市長は使用を許可してはならない、と定めていた。

第1審、第2審はともに今回の不許可処分が適法だとして、Xの請求を棄却した。そのため、Xは条例が憲法21条違反であり、また不許可処分が憲法21条と地方自治法244条違反だとして最高裁に上告した。

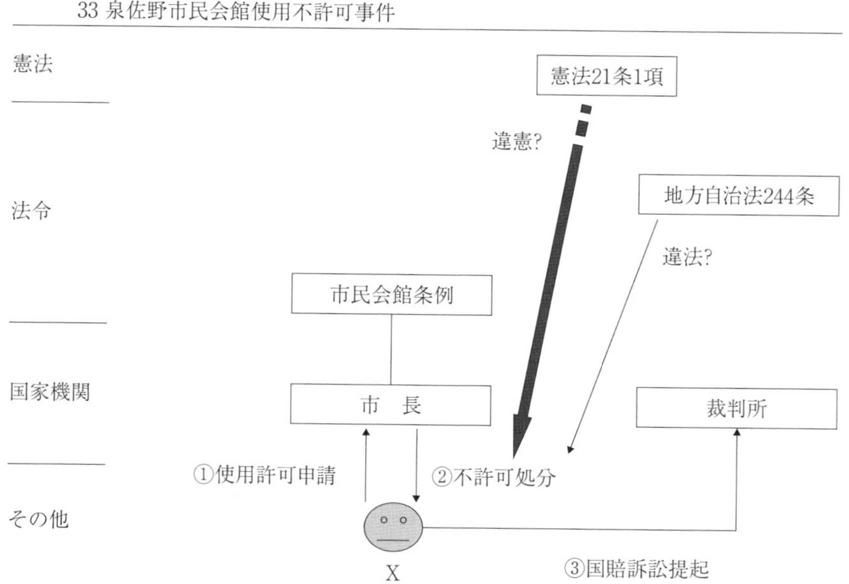

2．判決文に聞いてみよう

Q．この条例は憲法違反？

A．いいえ。条例７条は規制対象が広くみえる表現を取っていますが、規制する場合を集会の自由を保障することの重要性よりも集会が開催されることによって人の生命・身体・財産が侵害されたり、公共の安全が損なわれる危険を回避したり、防止する必要性が優越する場合に限定して解釈すれば、憲法違反になりません。

Q．どのように限定して解釈すれば憲法違反にならないの？

A．単に危険な事態が生じる可能性があるというだけではダメで、明らかに差し迫った危険の発生が具体的に予見される場合にのみ、例外的に表現の自由を規制しても許されます。

Q．この不許可処分は憲法21条や地方自治法244条に照らしてアウト？　セーフ？

A．セーフです。不許可の理由が、過激派組織の「団体の性格そのものを理由」としたわけでも、泉佐野市の「主観的な判断による」危険性でもなく、問題となっている過激派組織がその当時「空港の建設に反対して違法な実力行使を繰り返し、対立する他のグループと暴力による抗争を続けてきたという客観的事実からみて」集会が開催されたなら、衝突が起こり多くの人々の生命・身体・財産が侵害される危険性が明らかに予見されるからです。それゆえ、憲法違反とはなりません。

⇒上告棄却（X敗訴）。

この判決のここが大事！

・集会の自由と公共施設の管理権の関係を考えよう。

・公共施設の正当な理由のない利用拒否は、憲法の保障する集会の自由の不当な制限につながるおそれがあるので、他の人の基本的人権の侵害や公共の福祉が損なわれる危険がある場合に限られるという厳しい条件が付けられた。

・公共施設の利用拒否という類似の問題にもかかわらず、利用拒否が違法と判断された上尾市福祉会館事件（最二小判平成８年３月15日）がある。何が判断を分けたのか、相違点を調べてみよう。

34. 薬事法距離制限判決（最大判昭和50年4月30日）
——自分の土地に薬局を作って何が悪い？

1．何が起きた？

Xは広島県に本店を置くスーパーマーケット等を経営する株式会社である。

Xは1963年6月に広島県A市の商店街で経営している店舗での医薬品の一般販売業の許可を広島県知事に申請した。その申請は同年7月11日に受理された。

薬事法（現：医薬品、医療機器等の品質、有効性及び安全性の確保等に関する法律）という医薬品の安全性等について規定している法律があり、そこでは薬局の近くに薬局を開設してはいけないという距離制限が1963年7月12日から行われていた。

この7月12日に施行された薬事法改正により、距離制限が課せられ、その制限を具体化する県の条例（他の薬局と100メートル）によりXの申請は許可されなかった。そこでXは薬事法の距離制限とそれ具体化する条例が憲法22条の職業選択の自由を侵害しているとして、不許可処分の取消しを求めてY（広島県）提訴した。

第1審では、憲法判断は行わず、申請時の許可基準ではなく、処分時の許可基準で判断したことが違法であるとして、Xの訴えを認めて不許可処分を取消した。第2審では、薬事法の距離制限を合憲とし、処分も合法とした。そこで、Xが上告した。

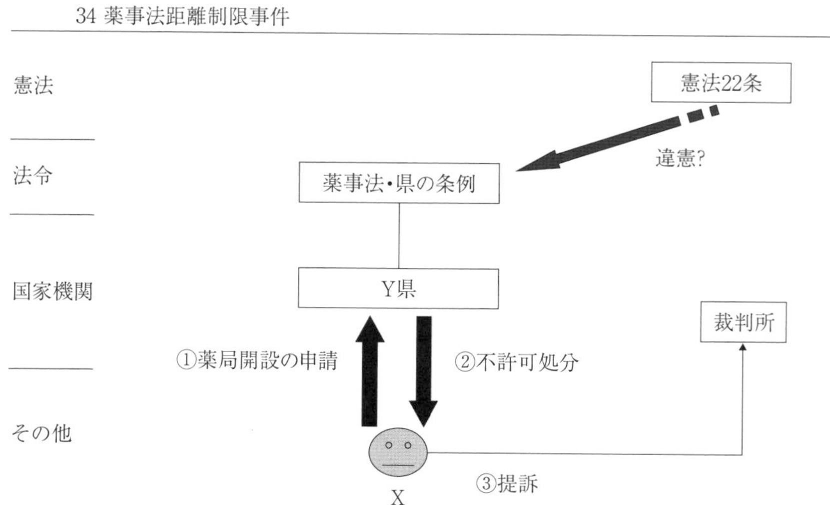

2．判決文に聞いてみよう

Q．職業選択の自由に対する制約は許されないの？

A．いいえ。職業は人が生計を維持するための活動であるとともに、自己のもつ個性を出す場でもあるので、経済的価値だけではなく人格的な価値とも不可分の関連を有しています。それゆえ、職業の選択、職業活動の内容などは原則として自由です。しかし、職業選択の自由をはじめとする経済的自由は、精神的自由よりも公権力による規制の要請が強いので、制約自体が許されないわけではありません。

Q．許される制約と許されない制約はどう区別するの？

A．①規制の目的、必要性、内容、②制約される自由の性質、内容および程度などを比べながら考えて区別します。区別をするのは、原則として立法府である国会ですが、事の性質によっては裁判所が判断することもあります。そして、今回の規制は許可制という職業の自由に対する強力な制約なので、裁判所が判断します。

Q．許可制が強力な制約なのは何故？

A．許可制は、職業のやり方の規制と異なり、職業を選ぶこと自体に規制をかけるものだからです。やり方の規制はそれに従ってさえいれば、その職業につくことはできますが、許可制の場合は状況次第では職業につくこと自体が規制されてしまいます。

Q．許可制が違憲か合憲か判断する基準はあるの？

A．はい。①重要な公共の利益のために、必要かつ合理的な措置であること。必要かつ合理的なら合憲、不必要か不合理なら違憲。②許可制の目的が社会の安全といった消極的警察的なものであるなら、より制限の度合いが弱い職業の仕方・方法に対する規制では目的では達成できないこと。(仕方・方法に対する規制は、その職業に就くこと自体は妨げないので、許可制よりも制限の度合いが弱いとされています。) 職業の仕方・方法で目的達成できるなら職業に対する許可制はいらないから違憲。職業の仕方・方法で目的が達成できない場合、はじめて許可制が合憲となります。

Q．許可制はセーフ、アウト？

A．セーフです。許可制自体は、必要かつ合理的なものなので合憲なのでセーフです。

Q．それでは今回の距離制限を伴う許可制はセーフ、アウト？

A．アウトです。許可制という制度を作ること自体は合憲ですが、具体的な許可基準が違憲です。立法者の示した説明「競争の激化—経営の不安定化—法規違反という因果関係に立つ不良医薬品の供給の危険」は観念的なものでしかなく、「確実な根拠に基づく合理的な判断とは認めがたい」から違憲となります。簡単にいうと、薬局がたくさんできると過当競争が起こり質の悪い医薬品が出回って国民の健康が害されるという議会の予測にはしっかりとした根拠がないから、裁判所は合理的な判断とは認めない、つまり経済的自由を規制する根拠として認めないということです。

⇒破棄自判（X勝訴）。

3．もう一歩先の勉強のために

Q．他に似たような距離制限が問題となった事件はありましたか？

A．はい。小売市場距離制限事件判決（最大判昭和47年11月22日）があります。こちらの事件では、小売市場という一定の地域に様々な小売商店が並んでいる市場の距離制限を行う小売商業調整特別措置法の規定が問題となりました。距離制限を無視して許可を受けずに小売市場を開いた会社とその代表者（以下、被告人）が刑事訴追された事件です。被告人は距離制限が憲法22条1項の職業選択の自由に反すると主張しました。

Q．薬事法距離制限判決との違いはあるの？

A．あります。薬事法の事例では国民の安全を守るためという消極的警察目的の規制でした。こちらの場合は裁判所が積極的に判断が正しいかを審査します。それに対して、小売市場の事例は、経済の健全な発展や中小企業の保護といった積極的政策目的の規制でした。積極的政策目的の規制の場合は、立法府である議会の裁量に任せるべきです。そのため裁判所は裁量が明らかに逸脱している場合は違憲の判断をするのですが、小売市場の場合は明らかな逸脱がなかったので合憲となりました。ちなみに、このように規制目的で審査の厳しさを変える考え方を「規制目的二分論」といいます。

Q．積極的政策目的の場合、なぜ立法府に判断をまかせるのですか？

A．積極的政策目的の規制は、必要かどうか適切かどうかを判断するのに社会や経済の実態について詳しく知ったうえで適切に判断しなくてはいけません。そのような能力は、法律の専門家である裁判官は持ち合わせていません。そのため、選挙を通じて選ばれる国民代表で構成される立法府である国会の判断を原則的に尊重します。

Q．結局、小売市場の許可制はセーフ、アウト？

A．セーフです。小売商を保護しようという立法目的は一応の合理性を認めることができますし、規制の手段等も著しく不合理であることが明白とはいえません。そのため、薬事法距離制限判決の事例と異なり、こちらは制度自体も許可基準も合憲です。

Q．規制目的で裁判所の審査基準を変える考え方（規制目的二分論）は経済的自由権全般で使えますか？

A．【35】森林法判決では消極的警察目的か積極的政策目的かといった規制目的にとらわれない判断が行われており、近年の公衆浴場距離制限判決（最三小判平成元年 3 月 7 日）では規制を消極的警察目的とした過去の公衆浴場距離制限判決（最大判昭和 30 年 1 月 26 日）と異なり、規制の性質について消極目的・積極目的の両方の要素に言及しており、酒類販売免許制合憲判決（最三小判平成 4 年 12 月 15 日）では規制目的を消極目的でも積極目的でもない第 3 の目的として徴税目的としています。これらのことから、学者からも全ての経済政策を積極目的と消極目的に分けるのは無理があるのでは等の批判が行われています。それゆえ、経済的自由権全般で使えるかは疑わしいです。

この判決のここが大事！

・経済的自由権といえど、無制約に規制が許されるのではなく、規制目的や規制手段によって審査の厳しさは異なってくる。

・医薬品ネット販売訴訟（最二小判平成 25 年 1 月 11 日）という医薬品のネット販売を禁じる厚生労働省の省令が職業選択の自由（営業の自由）を制約しているか否かが問題となった判決がある。そこでは、ネット販売の禁止は職業活動の自由を相当程度制約するものであり、省令は薬事法の委任の範囲を逸脱した違法なものとして無効とされた。

・目的によって審査基準を機械的に振り分けるのではなく、具体的な事件の実態に即した判断が必要となる。薬事法距離制限判決と小売市場距離制限事件判決、医薬品ネット販売訴訟等の具体的事実を比較してみよう。

35. 森林法共有林事件（最大判昭和62年4月22日）
――山は兄弟できっかり半分こできない！？

1．何が起きた？

「共有」とは、1つの物を複数人で所有している状態をいう。民法256条1項は、自分の「持分」（目的物を金銭換算した場合の所有割合）を単独所有に変更する権利（共有物分割請求権）を認めているが、森林法186条は、持分価額が2分の1以下の山林の共有者について、民法256条1項の規定の適用を排除していた。

1947年、Xと兄Yは、父から山林約108 haの生前贈与を受け、それぞれ2分の1の持分で共有することになった。山林に成育している立木を売る等、共有物に変更を加える場合には、相手の同意を要するところ、1965年、Yは、Xの反対を押し切って、1,430万円相当（立木約1,376 m^3）の立木を製材会社に売却した。

翌年、Xは、Yに対して、共有林の分割を求めて訴えを提起した。これに対してYは、森林法186条を根拠に、Xからの共有物分割請求を否定した。そこで、Xは、森林法186条の規定は、財産権を保障する憲法29条に違反して無効であると主張した。

第1審、第2審判決はともに、森林法の規定を合憲と判断し、分割請求を認めなかったため、Xは、憲法29条の規定の解釈、適用に誤りがあると主張して上告した。

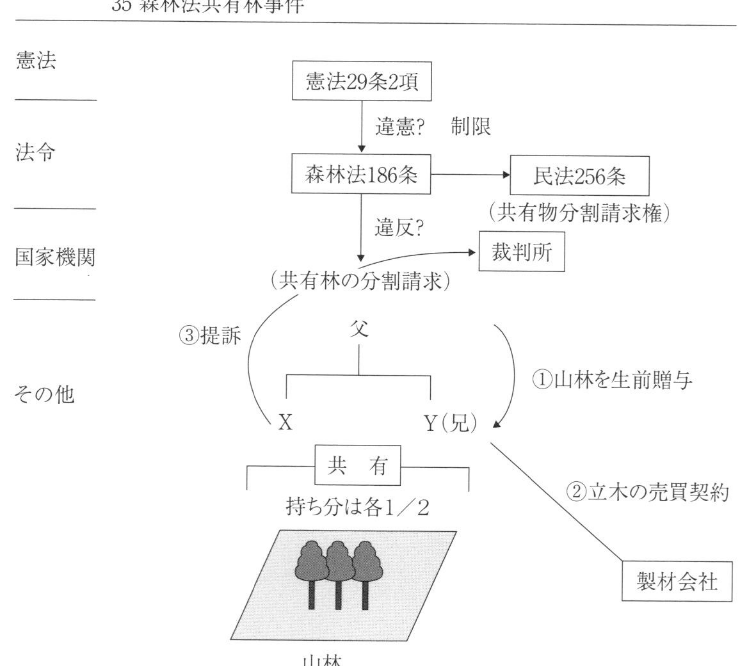

2．判決文に聞いてみよう

Q．共有物の分割を求める権利と財産権って関係あるの？

A．はい。共有とは、1つの物を2人以上で一緒に所有している状態ですので、1人で所有している場合に比べると、その物の管理等を巡って争いが生じたり、ずさんな方法で管理されたりする事態が起こり得ます。また、近代市民社会では、1人で1つの物を所有するのが原則的なあり方です。したがって、その性質上分割できないものでない限り、分割請求権を認めない内容の法律は、財産権の制約にあたる場合があります。

Q．財産権の不可侵は、絶対的なもの？

A．いいえ。憲法29条1項は、個人が財産を私有することを法律で保障するだけではなく、国民の個々の財産権を基本的人権として保障しています。そして、2項では、社会全体の利益（「公共の福祉」）にかなう場合には、法律によって財産権が制約されうることを規定しています。財産権を制限する内容の法律は、①制限の目的が公共の福祉に合致しないこと、または、②制限の手段が目的を達成するための手段として必要性もしくは合理性を欠くこと、が明らかな場合には、「公共の福祉」にかなっているとはいえません。

Q．森林法186条はアウト？　セーフ？

A．アウトです。森林法186条は、森林が細かく分割されて別々に管理されることで、森林経営の規模が縮小し不安定化することを防ぐための規定ですので、目的が公共の福祉に合致しないことが明らかとはいえませんが、森林の共有者は森林経営に協力する義務はなく、管理の上で対立する可能性もありますので、分割請求権を制限しても森林経営が安定するとは限らず、この制限は目的を達成するための手段として必要性・合理性がないことが明らかです。森林法186条は憲法29条2項に違反して無効ですので、Xには民法256条の規定が適用されます。

⇒破棄差戻し（X勝訴）。

この判決のここが大事！

・本件では、財産権制約事案にも妥当すると考えられてきた規制目的二分論（薬事法事件参照）が明確には採用されず、規制目的は、比較考量の一つの考慮要素とされた。その後、証券取引法164条事件（最大判平成14年2月13日）では、判決文に「積極的」「消極的」の文言が用いられておらず、近時の財産権分野の判例として引用されている。

36. 奈良県ため池条例事件（最大判昭和38年6月26日）

——えっ、ここ、先祖代々使ってる土地なんですけど！？

1．何が起きた？

奈良県には農業用水を供給する貯水池（ため池）が13,000余りあった。ため池は、貯めた雨水等を田畑に放流するものであるから、一般に底面が田畑より高いところにある。そのため、堤防が決壊した場合の被害は甚大になる。実際に、ため池決壊による災害が県内外で発生していた。

1954年、奈良県はため池の決壊等による災害を未然に防止するため、「ため池の保全に関する条例」を制定し、ため池の土手に農作物を植える行為等を禁止し、違反者に罰金を科すことにした（1条、4条2号、9条）。

Yらは、地域農民が共同で所有していたため池の土手を用いて、代々農作物を栽培していたが、本条例により土手での耕作を禁止されることとなった。しかし、条例施行後もYらは耕作を継続したため、本条例に基づいて起訴された。

第1審はYらを有罪としたが、第2審は憲法29条2項及び3項を根拠に、私有財産権の内容に規制を加える場合には条例ではなく法律によらなければならないこと、また、私有財産を公共のために用いるには正当な補償をなすべきであることを述べ、本条例はYらに対しては効力が及ばないとしてYらを無罪とした。2審の憲法解釈には誤りがあるとして検察官が上告した。

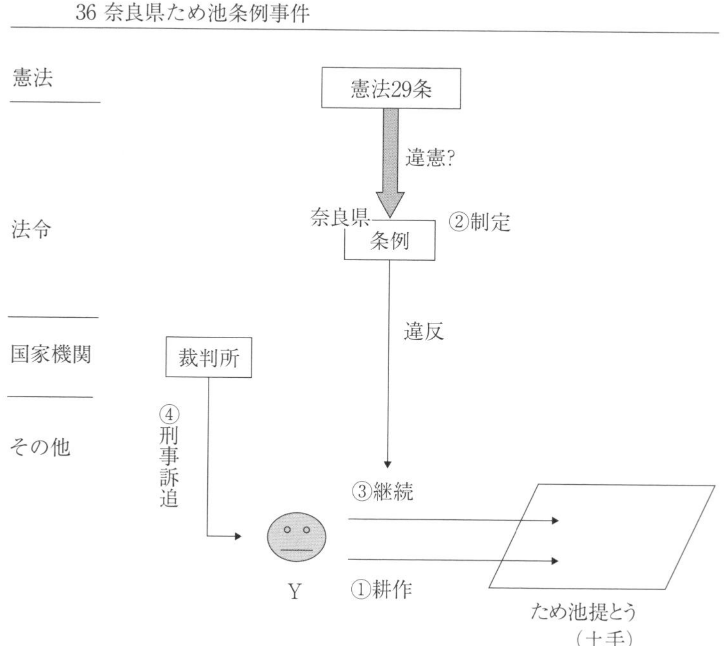

2．判決文に聞いてみよう

Q．法律ではなく条例によって土手を使用する権利を制限できるの？

A．はい。ため池の土手を使用する財産上の権利を持っている人は、この条例によって、その財産権の行使をほとんど全面的に禁止されることになりますが、それは、災害を未然に防止するという社会生活上のやむを得ない必要からくることです。したがって、ため池の土手を使用する財産上の権利を有する人は誰であっても、公共の福祉のため、当然これを受け入れなければなりません。すなわち、ため池の破損、決壊の原因となる土手の使用行為は、憲法でも民法でも、適法な財産権の行使として保障されていないものであって、憲法・民法の保障する財産権の行使の範囲外にあるものです。したがって、これらの行為を条例で禁止、処罰しても憲法および法律に違反するものではありません。

Q．この条例によって、今まで許されていた農作物の栽培ができなくなるけれど、それに対する補償はいらないの？

A．はい。この条例は、災害を防止し公共の福祉を保持するためのものです。この条例は、ため池の土手を使用する財産上の権利の行使を著しく制限するものではありますが、結局それは、災害を防止し公共の福祉を保持する上でやむを得ないものです。そのような制約は、ため池の土手を使用する財産権を持っている人であれば、当然受け入れなければならない責務というべきもので、憲法 29 条 3 項にいう補償は必要ありません。結局、条例によって土手を使用する財産権を制限し、そのことについて補償をしなくても、憲法 29 条 2 項と 3 項のいずれにも違反するものではありません。

⇒破棄差戻し（差戻し後の高裁で Y は有罪）。

この判決のここが大事！

・条例による財産権制約の可否という論点に関する有名な判決であるが、判旨は不明確である。土手使用を内容とする財産権が、公共の福祉による制約を受けると判示する一方で、ため池の決壊等の原因となる土手使用は、そもそも財産権の保障範囲外とも述べているためである。現在では多くの学説が条例による財産権の制約を認めている。

・本判決は、土手の使用制限が災害防止を目的としていることを理由に、損失補償は必要ないとした。今日では、損失補償が必要となる「特別の犠牲」の有無を、財産権の制限対象が特定人か否か（形式的要件）と、制限の程度が財産権の本質的内容を侵害するほど強度か否か（実質的要件）という 2 つの要件で判断する考え方が有力である。判例もまたこの立場をとっていると考えられている（河川附近地制限令事件・最大判昭和 43 年 11 月 27 日）。

37. 第三者所有物没収事件（最大判昭和37年11月28日）
——告知や聴聞の機会を設けずに財産を没収してもいいの？

1．何が起きた？

Ｙら２名は、税関の許可を受けずに、船舶に貨物を積み込み、韓国に輸出しようとしたが、その途中で時化に遭遇したため、密輸出を果たすことができなかった。

水上警察は、この船舶を発見し、船内を検索したところ、密輸出の嫌疑が出てきたため、Ｙら２名を逮捕した。

当時の関税法111条１項は、密輸を図った者に対して、３年以下の懲役または30万円以下の罰金を科し、同法118条１項は、付加刑として、貨物や船舶を没収することを定めていた。

第１審と第２審は、Ｙら２名をそれぞれ懲役６月と４月に処するとともに（なお両名とも３年間の執行猶予がつけられている）、船舶と貨物を没収する判決を言い渡した。

しかし、没収された貨物は、他人から輸送を依頼されたものであり、Ｙらの所有物には属していなかった。そこで、Ｙら２名は、判決が、本来の所有者に財産権を擁護する機会を与えずに、財産の没収を命じたことは、憲法31条の保障する適正手続に違反し、違憲であると主張して上告した。

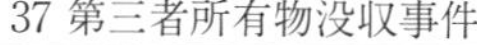

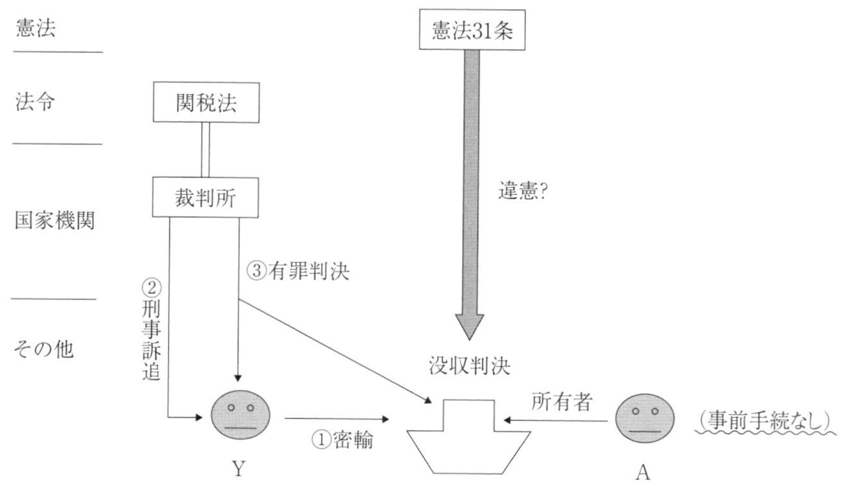

2．判決文に聞いてみよう

Q．憲法 31 条は手続の適正さを保障していますか？

A．はい。憲法 31 条は、法律で手続を定めなければ、生命や自由を奪ったり、刑罰を科したりしてはいけないと定めています。この条文が求めているのは、法律で何らかの手続を定めることだけではありません。その手続の内容が適正なものとなっていることも必要です。とくに刑罰や処分が科される者には、その旨の告知を受け、自己の言い分を弁解し、自己の権利を防御する機会を与えなければなりません。

Q．関税法 118 条 1 項は適正な手続を設けていますか？

A．いいえ。関税法 118 条 1 項は、密輸出を企てた者に対して、船舶や貨物の没収を定めています。しかし、船舶や貨物が第三者の所有物に属する場合には、第三者に告知・弁解・防御の機会を与えるものとはなっていません。しかも、船舶や貨物は、憲法 29 条の保障する財産権に含まれています。したがって、関税法 118 条 1 項に基づいて、第三者の所有物を没収することは、憲法 29 条と 31 条に違反しています。

Q．被告人は第三者の権利侵害を裁判で主張できますか？

A．はい。財産の没収は、被告人が密輸出を企てたことに対して科されたものです。しかも、被告人は、第三者から依頼された財産を保有することができず、没収された財産を所有する第三者から損害賠償責任を追及される危険性もあります。そのため、被告人は、第三者の権利侵害を取り上げ、違憲の主張を提起することができます。

⇒破棄自判（Y らは有罪。没収は取消）。

この判決のここが大事！

・従来、最高裁は、第三者所有物の没収について、適正手続を設けないことを合憲としてきた。しかし、今回の判決は、判例を変更し、告知・弁解・防御の機会の保障を要請した。さらに、被告人に対して、第三者の権利侵害を取り上げ、違憲の主張を提起することも認めている。この判決を受け、第三者所有物の没収手続に関する応急措置法が制定され、第三者への適正手続が整備された。

38. 成田新法事件（最大判平成4年7月1日）
――闇討ちとは卑怯だ！ちゃんと言い分を聞け！

1．何が起きた？

新東京国際空港（現在の成田国際空港）は、管制塔の占拠、機器類の破壊等の過激な反対運動を受け、開港が延期した。この事態を受けて、1978年に「新東京国際空港の安全確保に関する緊急措置法」（成田新法）が制定された。

成田新法は新東京国際空港およびその周辺を規制区域とし、運輸大臣（現在の国土交通大臣）は、威力業務妨害等の犯罪行為によって空港の管理や航行への妨害活動を行う者が集合し、または、その活動のための爆発物等を製造・保管するために工作物を使用することを禁止する命令を期限付きで発することができる（3条1項）。しかし、成田新法は当事者にあらかじめ不利益処分の内容を伝える「告知」、そして当事者に「弁解、防御の機会」を定めていなかった。

1979年に運輸大臣Yは規制区域内に工作物を管理・所有するXに対し同法3条1項に基づき、その工作物の使用禁止命令を1年の期限付きで発し、以後1983年まで1年毎に発した。

Xは成田新法が事前の告知手続や、弁解・防御の機会を与えることを定めておらず、適正手続を定めた憲法31条に違反すると主張し、当該使用禁止命令の取消しを求めて訴えを提起した。

第1審・第2審ともに成田新法は合憲であるとし、Xの請求を棄却した（一部の訴えは却下）。

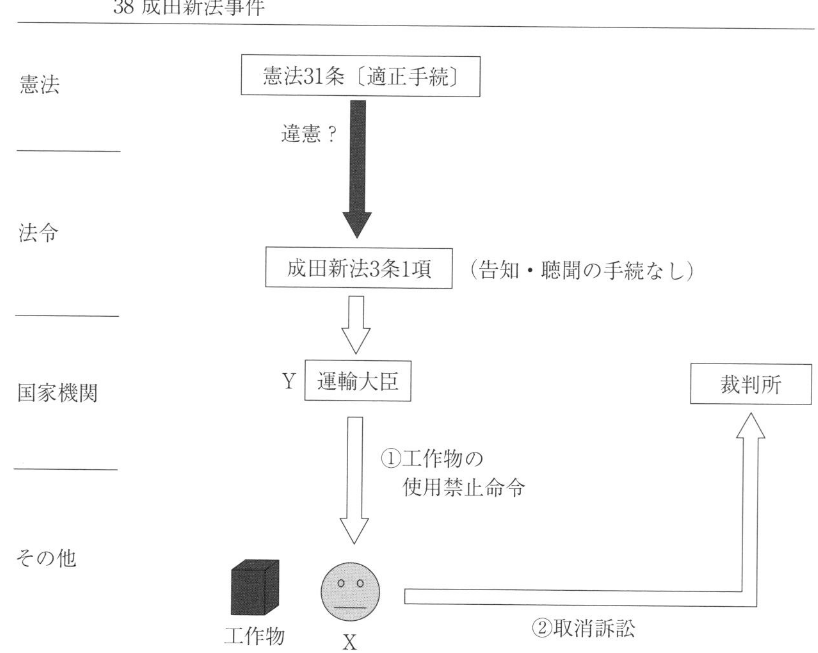

2．判決文に聞いてみよう

Q．適正手続を定めた憲法31条は刑事手続だけに適用される？

A．いいえ。憲法31条は「刑罰」という文言から、刑事手続に関する規定であるように思われます。しかし、国民に不利益を与えるのは刑罰だけでなく行政手続にも当てはまります。したがって、刑罰ではないから行政手続に憲法31条を適用しないと考えることは適切ではありません。

Q．すべての行政手続に告知・弁解・防御の機会が必要？

A．いいえ。刑事手続と行政手続は同じものではありませんし、行政手続もいろいろな目的で行われるため、必ずしもすべての行政手続で告知・弁解・防御の機会を与えることが必要というわけではありません。そのような機会が必要かどうかは、「行政処分により制限を受ける権利利益の内容、性質、制限の程度、行政処分により達成しようとする公益の内容、程度、緊急性等」から総合的に判断すべきです。

Q．成田新法はアウト？　セーフ？

A．セーフです。今回の場合、制限を受ける権利利益の内容は、工作物を空港管理や航空の妨害行為のために用いることである一方、この処分によって達成しようとした公益は、開港が遅れている「新空港の設置、管理等の安全を確保する」というもので「高度かつ緊急の必要性を有する」ことから、今回の成田新法は告知・弁解・防御の機会を与えていなくても憲法31条の趣旨に反するものとはいえず、当該使用禁止命令も適法です。

⇒上告棄却（X敗訴）。

この判決のここが大事！

・本事件によって憲法31条の法定手続・適正手続の要請が行政手続にも及ぶこと、そして、その必要性は行政手続によって差があることが示された。ただし、園部裁判官の意見では、憲法の個々の条文とかかわりなく、行政法における適正手続の制定が手続的法治国の原理や行政手続に関する法の一般原則からも要請されることが示されている。

・なお、行政手続における令状主義や黙秘権の保障についてはすでに旧所得税法の質問検査が問題となった川崎民商事件（最大判昭和47年11月22日）で、これらの保障が行政手続にも適用される可能性を示している。

・現在では行政手続法（1993年）が制定されており、行政活動の種類に応じて理由の提示や聴聞等の必要な手続が定められている。ただし、行政手続法は適用除外を認めており（3条・4条・13条2項）、成田新法については行政手続法の適用が現在も除外されている（成田新法8条）。

39. 堀木訴訟（最大判昭和57年7月7日）
——私にだって手当を受給する資格があります！

1．何が起きた？

原告Xは全盲の視力障害者で、国民年金法で定められた障害福祉年金を受給しながら生活していた。Xは離婚してから、1人で子どもたちを育てていた。生活は苦しかった。そんななかXは、子どもがいる家庭に対する生活保障の一種である児童扶養手当という制度があることを知った。そこで、児童扶養手当の受給資格の認定を県知事に請求した。しかし、彼女の請求は認められなかった。

Xは知事Yに異議申立てを行った。するとYは、Xが障害福祉年金をすでに受給している点を指摘した。児童扶養手当法4条3項3号によれば、母親が公的年金を受給している場合には児童扶養手当を支給できないという併給禁止規定があった。すでに障害福祉年金を受給しているXにこの手当の受給資格はないということで、Yは申立てを退けた。そこでXは、Yを相手に、児童扶養手当の受給資格を認めないのは不当であるといって、裁判を提起した。そのなかで、児童扶養手当法の規定が憲法25条に違反すると主張した。第1審は勝訴したが、第2審は敗訴した。そこでXが上告した。

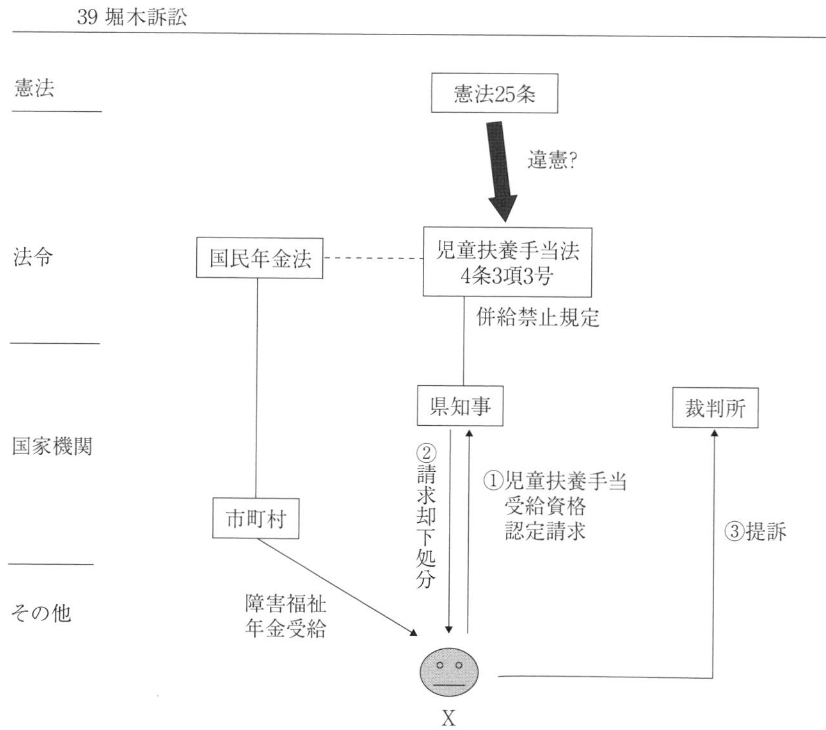

2．判決文に聞いてみよう

Q．そもそも「健康で文化的な最低限度の生活」って何？

A．「健康で文化的な最低限度の生活」というのはとても抽象的で相対的な概念です。その具体的内容は時代によって変わります。文化の発達程度や社会経済条件、一般国民の生活状況などをみて、それぞれの関連性を踏まえた上で判断し、決めるべきものです。また、実際に法律を作る場合には、国の財政事情も無視できません。様々な方面からみて「高度の専門技術的な考察とそれに基づいた政策的判断を必要とするもの」です。そして立法府には、どのような内容の法律を作るかについて、ある程度の判断の余地が与えられています。この判断の余地のことを「裁量」といいます。本件でも、憲法25条の規定の趣旨にこたえてどのように具体的な法律を制定するかは、「立法府の広い裁量」にゆだねられています。

Q．では、裁判所はどのような態度で判断することになるのですか？

A．まず確認すべき点として、裁量には限界があります。立法府が与えられた判断の余地の枠を跳び越えて、あまりにもひどい内容の法律を作ってしまった場合には、「裁量の逸脱・濫用」に該当します。その場合には、裁判所は問題の法律を審査して判断を行います。しかし、立法措置が「著しく合理性を欠き明らかに裁量の逸脱・濫用と見ざるを得ないような場合」でない限り、裁判所が判断することは適切とはいえません。

Q．今回問題となった併給禁止規定は憲法25条に違反しますか？

A．いいえ。本件の場合には、違反しません。供給禁止規定は社会保障給付の公平性を図るためにあるのです。国民年金をもらっている人がいっしょに児童扶養手当をもらえないとすることは、上で述べたとおり、立法府の広い裁量に属する問題です。また、こうした立法で給付額をいくらに決定するのかについても、裁量の話となります。法律で決めた結果、給付額が低額だからといって、当然憲法25条違反に結びつくということはできません。

⇒上告棄却（X敗訴）。

3．もう一歩先の勉強のために

Q．そもそも、どうやって憲法25条違反を裁判所で訴えるのですか？

A．憲法25条の生存権は国家が個人に対して実現すべき法的権利です。

しかし、生存権自体は抽象的な権利なので、25条だけでは裁判に訴えることができません。必ず25条を具体化する法律がなくてはなりません。この法律の存在を前提として、法律の内容が生存権を十分に実現していないと裁判に訴えることができます（抽象的権利説）。学界の最有力説および判例はこの立場に立っています。一方で、憲法25条のみを根拠に、生存権を具体化する法律が制定されていないこと自体が違憲であると確認を求める形で裁判に訴えられるという考え（具体的権利説）

もあります。ただし、それはあくまでも確認であって、「健康で文化的な生活とは、この水準に達するものだ」ということまで裁判で求められるわけではありません。

Q．この判例は他にも論点はないのですか？

A．はい。重要な論点があります。この事件では、25条の生存権以外にも14条の平等の問題も指摘されています。本件の併給禁止規定は、障害福祉年金を受給する母親を差別していると議論されました。こうした異なる取扱いに対して合理的な理由がない場合には、憲法14条1項が禁じる差別に該当すると第1審は述べました。そして、本件でXは、「公的年金を受けることができる地位」という社会的身分にあるがゆえに差別されていると認めました。また、障害福祉年金を受給している父である男性と性別により差別されているとも認められたのです。

このように、第1審判決は、併給禁止規定が引き起こす平等の問題を正面から論じて、憲法14条1項が禁じる差別に該当すると判断しました

Q．どのような理由にもとづく差別に該当するのですか。もう少し詳しく教えてください。

A．本件はXの「社会的身分」に基づく差別であることが指摘されます。障害の無い健全な母と子の世帯には、いうまでもなく児童扶養手当は支給されます。その一方、障害福祉年金を受給している母と子の世帯には、児童扶養手当が支給されないという事実があります。障害を持つ者は、それにより障害福祉年金という「公的年金を受けることができる地位」にあります。そのため、Xは年金を受給して生活していたのです。概要で述べたとおり、子育てをしながらの生活は苦しいものです。本来、経済的に困窮している母子家庭は児童扶養手当を受給できる資格を持ちます。しかし、Xが障害福祉年金の受給により児童扶養手当を受給できないということは、年金を受給していない他の母親と比べて、不利益を被る異なった取扱いを受けていることになります。

Q．他にはどのような差別問題が生じますか？

A．性別に基づく差別の問題が生じます。児童扶養手当は母子家庭にだけ支給されるわけではありません。もしも障害福祉年金が母親ではなく父親に対して支給されている場合には、夫婦と子の3人世帯であっても、児童扶養手当は支給されます。つまり、障害福祉年金を受給しているXのような母親は、同じく障害福祉年金を受給している男性と比べても、手当を支給されないという不利益を被っていることになるのです。

Q．この第1審の判断は、高裁、最高裁でも引き継がれましたか？

A．いいえ。残念ながら、憲法14条1項の問題は、高裁、最高裁で認められませんでした。最高裁では、生活保護制度をはじめ身体障害者や母子に対する様々な施策が存在することが指摘されています。そうした点も含めて総合的に判断した結果、「この差別が何ら合理的理由のない不当なものであるとはいえない」とした第2審の判断は正当と述べました。

しかし、第 1 審判決は、社会保障の事例に対して平等の観点からも問題提起する必要があることを明らかにした点で、重要です。

Q．その後、平等の観点から判断された社会保障の事例はありますか？

A．はい。たとえば学生無年金訴訟では、大学在学中に障害を負った者に対し、国民年金に未加入であったことを理由に障害基礎年金不支給の決定をしたことの合憲性が争われました。第 1 審判決では、障害基礎年金支給にあたって、20 歳以上の学生を 20 歳未満の者や 20 歳以上だが学生ではない者と異なって取り扱ったことについて、憲法 14 条違反としました（東京地判平成 16 年 3 月 24 日）。しかし、その後の最高裁では憲法 14 条違反の主張を認めませんでした（最二小判平成 19 年 9 月 28 日）。

この判決のここが大事！

・生存権を具体的な権利として裁判の場で主張するには、法律で具体化されている必要がある。

・最高裁は、立法府に与えられた判断の余地（裁量）を越えて、あまりにもひどい内容の法律を作った場合には、裁判所が審査することになると述べて、生存権を具体化する法律に司法審査が及ぶ場合もあることを述べた。この点で本判決に意義はある。しかし、最終的に最高裁は立法府の裁量を広く認定し、本件は憲法 25 条違反にならないと結論付けた。

・第 1 審判決では本件が憲法 14 条の禁じる差別と認定する一方、第 2 審と最高裁では認められなかった。しかし、第 1 審の議論は、その後の生存権と平等が交わる問題を論じるにあたって、画期的な判断となった。

・判例は 25 条の生存権について抽象的権利説を採用している。よって裁判では、25 条を実現する法律が不十分であることや、行政の決定が不十分であることなどを争うことになる。

・そこで国側の裁量をどうコントロールするのかが考えられなければならない。考え方の例として、生活保護費の老齢加算廃止をめぐる訴訟（最三小判平成 24 年 2 月 28 日）では、社会保障制度が一度定められた後にその制度を廃止・後退させることを厳しく問う「制度後退禁止原則」が議論された。しかし最高裁はこれを採用せず、考慮要素の一つにとどめるとした。

40. 朝日訴訟（最大判昭和42年5月24日）
——パンツの換えは年一枚。それでも「健康で文化的」ですか？

1．何が起きた？

X（朝日茂）は結核を患い医療施設に入所していた。Xは独身かつ無収入で、生活保護法に基づき生活扶助として月600円と無料の医療扶助を受けていた。この金額は、定まった生活必需品の月額を積算して得られた値である（例えばパンツは年1枚120円（月10円）として計上されていた）。

1956年7月、Xの生活保護を担当していた社会福祉事務所の所長は、Xの兄に対しXへ月1,500円の仕送りを命じる一方、翌月以降のXの生活扶助を廃止し、仕送り金のなかから900円を医療費としてXに負担させる保護変更決定をおこなった。

Xの手許には600円が残ることとなったが、この金額は、生活保護法に基づき厚生大臣が設定する保護基準によって、医療施設に入所している要保護者に対し生活扶助として支給される額がそのまま認められたものであった。

Xは本件保護変更決定を不服として、県知事、次いで厚生大臣Yに申立をしたが却下されたため、裁判に訴えた。Xは、本件保護基準が、憲法25条に基づき制定された生活保護法3条等に違反すると主張した。

第1審はXの主張を認めたが、第2審は第1審判決を取消しXの主張を退けたため、Xが上告した（Xは上告中に死亡し養子が訴訟を継承した）。

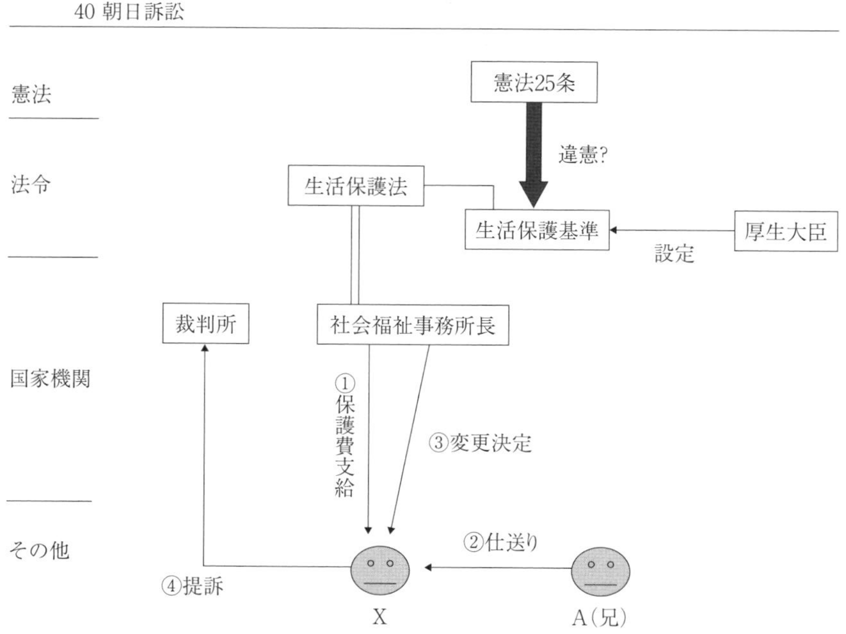

2．判決文に聞いてみよう

Q．憲法25条1項は、具体的な権利を保障する規定なのでしょうか？

A．いいえ。憲法25条1項が規定する権利は、すべての国民が健康で文化的な最低限度の生活を営み得るように国政を運営すべきことを国の責務として宣言したにとどまり、直接個々の国民に対して具体的権利を付与したものではありません。具体的権利としては、憲法の規定の趣旨を実現するために制定された生活保護法によって、はじめて与えられています（→【39】堀木訴訟参照）。

Q．生活保護基準は厚生大臣が自由に設定できるのでしょうか？

A．いいえ。厚生大臣の定める保護基準は、憲法の定める「健康で文化的な最低限度の生活」を維持するのに足りるものでなければなりません。しかし、「健康で文化的な最低限度の生活」は、抽象的・相対的概念で、その具体的内容は、文化の発達、国民経済の進展に伴って向上するのはもちろん、多数の不確定要素を総合考量してはじめて決定できるものです。したがって、何が「健康で文化的な最低限度の生活」であるかの判断は、いちおう厚生大臣の裁量にゆだねられています。ただ、現実の生活条件を無視して著しく低い基準を設定する等、憲法および生活保護法の趣旨・目的に反して裁量を行使したと認められる場合は、違法な行為として裁判所の司法審査の対象になります。

Q．では、今回の件では厚生大臣の裁量の行使は違法になるの？

A．いいえ。本件での生活扶助基準が入所者の最低限度の日用品費をまかなうに足りるとした厚生大臣の判断は、裁量権の限界をこえまたは裁量権を濫用した違法があるものと断定することはできません。

⇒訴訟終了。

この判決のここが大事！

・最高裁は判決主文で訴訟の終了を宣告した。その理由は、生活保護受給権は、保護を受給する者自身にのみ帰属する権利であり、子が相続できるものではないからである。

・上記で紹介した判示は、「なお、念のため」として述べられた、判決主文とは直接には関わらない傍論の部分ではあるが、裁量権の限界をこえた場合、または裁量権を濫用した場合の裁判所による司法審査の可能性を認めている。

41. 中嶋訴訟（最三小判平成16年3月16日）
――生活保護を利用すると貯金できないの？

1．何が起きた？

生活保護を利用していたAは1976年、子どもX（当時3歳）のために生活保護費の一部を保険料の原資とし、18歳満期の学資保険に加入した。その目的はXの高校進学の費用を得ることであり、節約の努力をして月3千円の保険料を支払っていた。

1990年、Aは、満期保険金額の約45万円を受領した。この事実を受け、B市福祉事務所所長Yは、この返戻金をAの「収入」と認定し、月額約18万円であった給付を約9万円へと減額した（＝減額処分）。そもそも、生活保護は要保護者の「資産」（生活保護法4条）あるいは「その者の金銭又は物品」（同法8条）を活用してもなお生活を送るに当たって不足する金銭をカバーする制度である。そのため、Yは返戻金をAの「収入」と考え、カバーすべき金銭が減ったため給付も減額すべき、という判断をした。

Aは、返戻金が生活保護法上の「資産」や「金銭又は物品」には当たらず、本件の減額処分は違法であり、憲法上の生存権等を侵害したとして、処分の取消しを求めて訴訟を起こした。第2審では（Aが訴訟中に死亡し、Xが訴訟を引き継ぐ）返戻金は収入認定の対象にはならず、したがってYによる保護費の減額処分は違法であり、これを取り消すと判断された。この判断を受けてYが上告した。

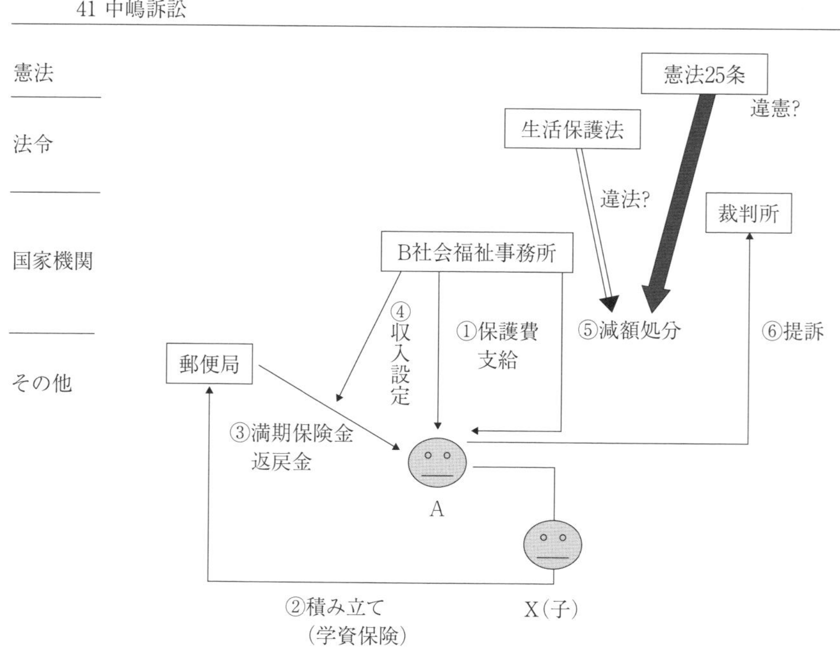

2．判決文に聞いてみよう

Q．生活保護を利用している人は、貯金をしてはいけないの？

A．いいえ。たしかに、生活保護法は原則として要保護者の貯金を想定していません。しかし、生活保護法の趣旨目的にかなった目的と態様であれば、支出の節約（生活保護法60条で被保護者の「生活上の義務」とされています）のうえ保護費等を原資にしてなされた貯金等は、収入認定の対象にはなりません。

Q．子どもの高校進学のための学資保険の返戻金は「収入」になるの？

A．いいえ。要保護世帯が最低限度の生活を維持しつつも、子どもの「高等学校就学のための費用を蓄える努力をすることは、同法（生活保護法）の趣旨目的に反するものではな」く、学資保険の満期保険金返戻金は収入とみなされませんでした。

Q．この事件の減額処分は、憲法25条に反するの？

A．最高裁は直接に25条を含む憲法条文に言及していません。25条や26条に言及しながら憲法適合性をも検討した第2審とは異なり、最高裁は主に生活保護法の解釈・運用が誤っていなかったかについて論じています。

保護費等を原資にした学資保険の支払いは生活保護法の趣旨にかなうし、返戻金は「収入」とはみなされません。したがって、保護費の減額処分は生活保護法の解釈や運用を誤った点で違法であるといえます。

⇒上告棄却（X勝訴）。

この判決のここが大事！

・本件は、保護費等を原資とした貯蓄が要保護者の収入にあたらず、また、学資保険の満期保険金返戻金が「資産」や「金銭・物品」にあたらないとされた初めての最高裁判決である。生活保護法は1条で「日本国憲法25条に規定する理念に基づ」いて生活保障を行うことを規定しており、生活保護制度は生存権の具体化の一つとされている。本制度で想定される個人像として、その者の主体的な生活・人生設計を承認した点が本事件の特徴であり、25条の解釈に個人の主体性を結び付ける点で重要な判例だといえる。また、進学のための学資保険支払いが生活保護法の趣旨にかなっていると判断していることから、25条の内容に高校進学までの支援が含まれるとも解釈でき、生存権の内容を発展させる意味も持ち得る。

42. 旭川学力テスト事件訴訟（最大判昭和51年5月21日）
——子どもは好きに教育していい！？

1．何が起きた？

1960年頃より、文部省は全国の中学校を対象とする一斉学力テストの実施を企画した。Yらはこれに強く反対した。テストの実施を通じて国家権力が教育に介入してくることは、国家による教育の不当な支配にあたり、憲法が定めた教育を受ける権利（26条）を侵害すると考えた。そこで、Yらはテストの中止を求め交渉した。しかし、1961年10月に旭川市は各中学校で学力テストを実施すると決定した。

テスト当日、Yらはテストが行われる中学校の校舎内に立ち入り、テストを実施しようとする校長に詰め寄り、中止を求めた。その際に、校長の胸を手で突く等の暴行を加えた。

これらの行為により、Yらは、建造物侵入、暴行、公務執行妨害などの罪で起訴された。裁判の中でYらは、テストの実施は憲法26条および教育に対する不当な支配について述べた教育基本法10条（現16条）に違反するものであり、その実施を阻止することは正当であると主張した。

第1審は建造物侵入罪と暴行については有罪とした。しかし、公務執行妨害については、テストの実施は違法であるとして、罪には問われなかった。第2審は第1審の判断を支持して、控訴を棄却した。これに対しYらと検察の双方が上告した。

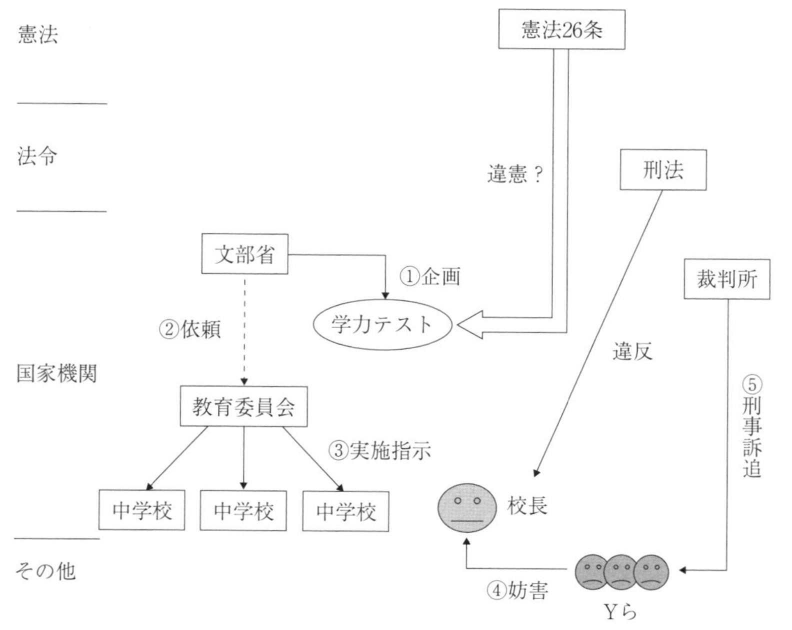

2．判決文に聞いてみよう

Q．憲法 26 条の「教育を受ける権利」にはどんな意味がありますか？

A．国民は、それぞれが一人の人間として成長・発達して、自分自身が何者であるかをはっきりさせられるように必要な学習をする権利を持っています（学習権）。特に、自分で学習できない子どもは、自分たちの学習要求を充たせる教育を大人たちに対して要求する権利を持っていると考えられます。これが 26 条の背景にある概念です。

Q．教師は子どもに好きなことを教えることはできますか？

A．いいえ。できません。たしかに、憲法 23 条が保障する学問の自由は、学問研究の結果を教える自由も含みます。知識の伝達と能力の開発が中心の普通教育の場でも、ある程度の教授の自由が保障されるべきです。しかし、義務教育段階の子どもは大学生等と違って教授内容を批判する能力がなく、教師が児童生徒に強い影響力や支配力を持っています。また普通教育では、子どもが教師や学校を選ぶことは難しいので、教育機会の均等を確保するためにも全国で一定の水準を確保する必要があります。よって、普通教育で教師に完全な教授の自由を認めることは、とうてい許されません。そもそも子どもの教育は、まず親が私的に行うものでしたが、現代の複雑な社会での教育の重要性を考慮して、公共施設としての学校を中心に行われています。その中で、他の教師や親を含む第三者からの批判によって教授の自由にも制限が加わることもあるのです。

Q．国は教育内容を決定することができますか？

A．はい。可能です。もちろん、教育内容に対する国家的介入は抑制的であるべきです。子どもが自由で独立した人格をもって成長することを妨げる国家的介入は許されません。例えば、誤った知識や一方的な観念を子どもに植えつけるような内容の教育は憲法 26 条・13 条のもとで許されません。しかし、子どもの利益を擁護し、子どもの成長に対する社会公共の利益と関心にこたえるため、必要かつ相当と認められる範囲において、国は教育内容を決定することはできるのです。

⇒一部破棄自判、一部上告棄却（検察官の主張通り、公務執行妨害罪も成立。Y らは有罪）。

この判決のここが大事！

・本件は、不完全ではあるが、教授の自由が義務教育段階にもあることを認めた。大学にしか教授の自由はないと述べた【24】東大ポポロ事件とは、そこが異なる。

・従来、教育内容については国民（主に教師や親）が決めるという「国民の教育権」と、国が決めるとする「国家の教育権」とで議論の対立があった。しかし、最高裁は本件で「両者ともに一方かつ極端」であると述べたうえで、教育内容の決定については子どもの「学習権」を念頭に考えなくてはならないと示した。

43. 市立尼崎高校事件（神戸地判平成4年3月13日）
——学力あるのに障害を理由に入試で不合格なんて酷い！

1．何が起きた？

筋ジストロフィー疾患の男子生徒である原告Xは、成績は良好であるものの、車椅子が必須であった。また、体重は40キログラム程度であり、排便は母親による介助が必要であった。

Xは、母親がXの介護を行うにあたって自宅から学校まで近いこと、また、卒業した中学校の同級生と一緒に勉強をしたいことなどから、自宅から一番近く、中学校の卒業生が多く受験する普通高校（以下、本件高校）に進学を希望した。なお、Xの中学校は、市にスロープや手すりの設置を要請したり、1階の教室で授業を行ったり、母親による介助を認めるなどの合理的配慮を行うことで、Xの学生生活を保障した。

1991年、Xは中学校を卒業し、本件高校を受験した。本件高校の入学試験は、原則的に①中学校が提出する調査書の学習評定と②入学試験の学力検査の成績の合計点で合否の判断をする。本件高校を受験した結果、Xは、これらの合計点について、合格ラインをゆうに超えた。しかし、受験に先立って本件高校に提出した医師による診断書等を踏まえて行われた合否判定委員会において、Xの疾患の特性、障害の程度、学校の受け入れ態勢等を総合的に判断した結果、全員一致で、「Xの身体的状況が高等学校の全ての課程を無事に履修する見通しがない」と見なされ、Xを不合格と判定した。

そこでXは、本件高校校長Yに対して、本件高校への不合格判断が憲法に違反するとして取消しを求めた。

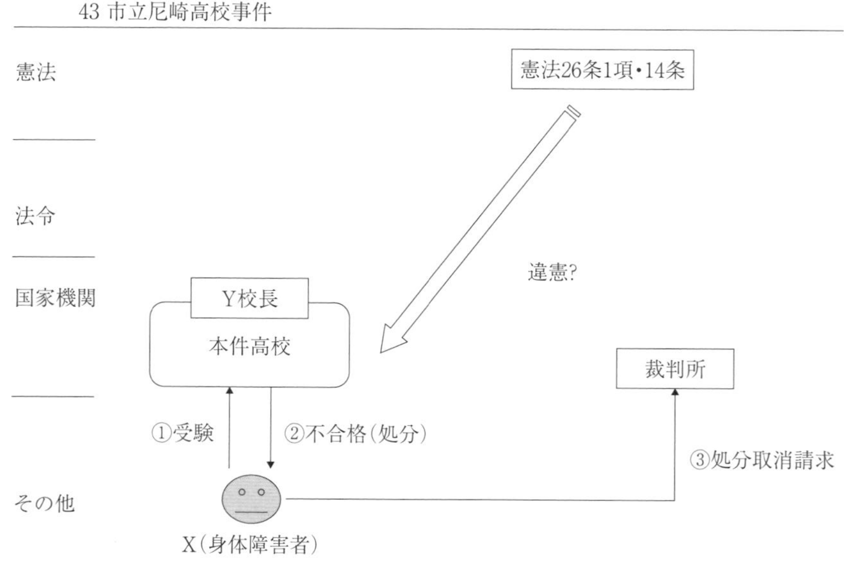

２．判決文に聞いてみよう

Q．高校入学の際の合否判定は、学校長が好きに決めていいの？

A．いいえ。高等学校の入学について、合否を判定することや受験内容は、学校長の裁量的判断に任されていますが、その判定が事実の誤認に基づいていたり、社会通念に照らして著しく不合理であったりする場合には、裁量権の逸脱または濫用とみなされ、その判定が違法となります。

Q．Xは、やっぱり本件高校で学ぶのは不可能？

A．いいえ。まず中学時代のXは、配慮を得て、無事に３年間を修めました。その実績を踏まえますと、高校において特に事情が異なるとは考えられません。さらに、実は、本件高校では、過去に車椅子の生徒に対して配慮を行うことで無事に卒業させた実績があります。そのとき、本件高校は、身体障害者用のトイレやスロープを設けるなど施設を改善しており、車椅子のための最小限の設備が備わっていました。たしかに、Xのための設備ではないので不十分かもしれませんが、不十分を理由に入学を拒否することは認められません。また、専門の医師が「高校３年間の就学が可能である」と書いた診断書もありますので、原告が本件高校の全ての課程を履修することは可能であるといえます。

Q．Y校長による入学許否に対する裁量権の逸脱・濫用はあった？

A．はい。養護学校の方が望ましいとY校長は言います。ですが、普通高校への進学の学力があり、生徒本人も望んでいる場合、普通高校の入学の途が閉ざされることは許されるものではありません。健常者と同様に、障害者もその能力の全面的発達を追求することも、教育の機会均等を定める憲法や教育基本法等によって認められる当然の権利なのです。

この事件では、中学時代の通学状況、学習能力、身体能力、本件高校の施設などの点からみて、本件高校へ入学が可能であるといえるので、不合格判定は、Y校長の裁量権の逸脱または濫用があったといえます。

⇒請求認容（X勝訴、確定）。

この判決のここが大事！

・高等学校の入学の許否について、学校長の裁量権に属するとした上で、この裁量権の逸脱・濫用があった場合に、違法と判断される。この事件では、被告の裁量権の逸脱・濫用について、原告の状態を詳細に説明することで、被告の不合格処分に対して違法性を導いた。

・障害を持つ児童や生徒、学生に対して「配慮」を講じることで、彼らの教育の機会を障害を持たない者と同じように保障しようとすることを「合理的配慮」という。

44. 三井美唄炭鉱労組事件（最大判昭和43年12月4日）
――裏切り者を処分したら、選挙妨害？

1．何が起きた？

A労働組合では、地方議会議員選挙において、組合員の中から立候補者を出して、その選挙運動を支援する方針を立てていた。そして、1959年の市会議員選挙においてBを統一候補とする組合の決議を行った。ところが、組合員Cが組合の決定に反し、独自に立候補しようとした。そこで、役員であるYらは、組合員の投票が分散することを防ぐために、Cに対し、組合の方針に従って立候補を断念するよう何度も説得を試みたが受けいれられず、組合機関紙にCを統制違反者として処分するなどと掲載し、さらに、選挙後、当選したCに対し、1年間の組合員の権利停止処分とした。公職選挙法225条3号は、「特殊の利害関係を利用して」公職の候補者などを「威迫」する行為を選挙の自由妨害罪として禁止している。Yらの行為は、組合員Cを労働組合との特殊の利害関係を利用して威迫したものとされ、刑事訴追された。

第1審は有罪判決であったが、第2審は、Cが前回選挙で統一候補となり当選したこと、かつて組合の要職を歴任したものであることなどの点をふまえ、そうした「背信行為」に組合として統制権を発動することは、必要な限度において許容されるとして無罪判決を言い渡した。これに対して、検察官が上告した。

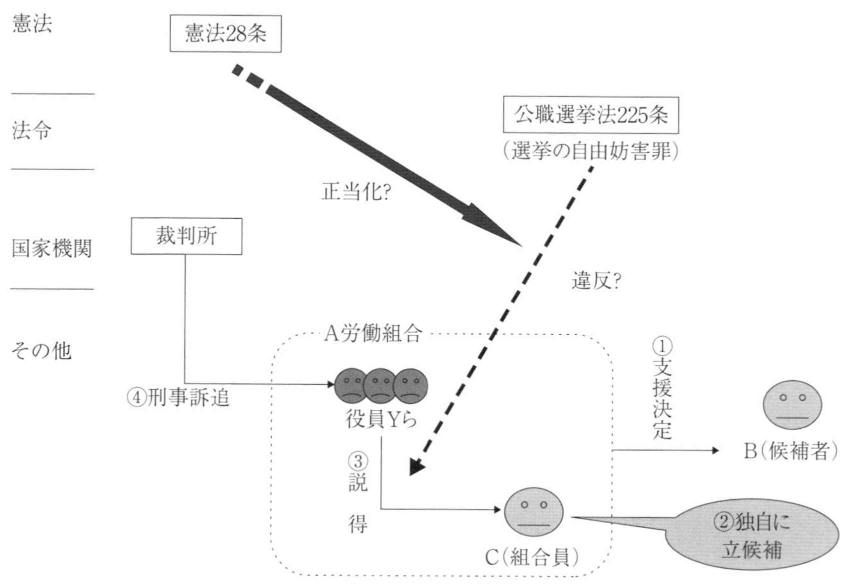

2．判決文に聞いてみよう

Q．労働組合が選挙運動をしてもいいの？

A．はい。労働組合は本来、会社の雇い主と団体交渉をして労働者の経済的地位の向上を目指す団体ですが、その目的達成のために必要な政治活動や社会活動をすることも可能です。

そして、その一環として、利益代表を議会に送り込むための選挙運動をし、統一候補以外の組合員に対して立候補を思いとどまるよう勧告したり説得したりすることは、組合の妥当な統制権の行使にあたります。この統制権は、憲法 28 条による労働者の団結権保障の効果として認められるもので、労働組合はその目的を達成するために必要であり、かつ、合理的な範囲内において、その組合員に対して行使できます。

Q．立候補の自由は憲法上の権利ですか？

A．はい。憲法には選挙権（15 条 1 項）と異なり、立候補の自由は明記されていません。しかし、公職選挙法は、選挙について立候補制を採用していますので、立候補の自由が阻害されれば選挙権の行使も害されることになります。したがって、立候補の自由も憲法 15 条 1 項によって保障される重要な基本的人権であると考えられます。

Q．Y らの行為は憲法的に正当化されますか？

A．いいえ。A 労働組合の統制権も C の立候補の自由もともに重要な憲法上の権利ですが、統制権行使の必要性と立候補の自由の重要性とを比較してみると、立候補を止めるように勧告したり説得したりするのを超えて、止めるよう要求し、これに従わないことを理由に処分することは、統制権の限界を超えて、違法であると言えます。

⇒破棄差戻し（Y らは有罪）。

この判決のここが大事！

・第 2 審判決も最高裁とほとんど同じ考え方であるが、C が組合を裏切るような行為をしていた点を加味して、Y らによる統制権行使を正当なものとしている。

・労働組合が選挙運動を行うこと自体は正当な活動として認められるが、組合員に対する統制権の程度は、本来の組合活動の場合と同じという訳にはいかない。特に、制限される組合員の権利とのバランスをとることが重要である。

・本判決と類似した民事事件として、中里鉱業所事件（最二小判昭和 44 年 5 月 2 日）がある。また、本判決の考え方は、その後の国労広島地本事件（最三小判昭和 50 年 11 月 28 日）や南九州税理士会事件（最三小判平成 8 年 3 月 19 日）などにも反映されている。

45. 在外国民選挙権訴訟（最大判平成17年9月14日）
――海外での選挙権は絵に描いた餅？

1．何が起きた？

外国に在住する国民Xは、憲法15条1項等で選挙権を有しているが、国政選挙で投票できなかった。選挙人名簿が住民基本台帳に基づいて国内で作成されるためであり、海外移転に伴って住民基本台帳からはずれた国民について、大使館などの在外公館は選挙人名簿を作成する職務を行うものとはされなかったためである。

1998（平成10）年公選法改正で、在外国民も比例代表選挙で投票可能となったが、衆参（小）選挙区選挙では不可能だった。そのため、Xは海外に在住する国民が選挙で投票できるよう法改正をしない国会の立法不作為などを主張して、海外に在住する国民が選挙権を行使できることを確認する訴えや過去に選挙権が行使できなかったことについて国家賠償を請求する訴訟などを提起した。

第2審は、いずれの訴訟も不適法のものとしてXの請求を却下する判断を下し、これを不満としたXは最高裁へ上告した。

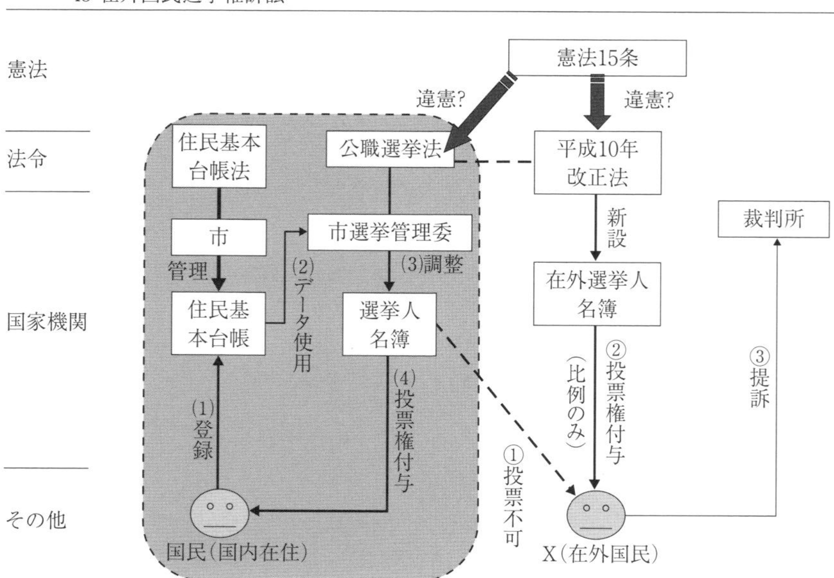

2．判決文に聞いてみよう

Q．1998 年まで在外国民が選挙権を行使できなかったのは違憲？

A．違憲です。在外国民の選挙権保障は重要であり、1984 年には在外選挙制度実施のための改正法案が準備されていたのに、国会はそれについて実質的な審議および在外選挙制度の創設を行うことを不当に避けてきた、といえるからです。

Q．1998 年改正法で選挙権行使が比例代表選挙に限定されたのは違憲？

A．判決時においては違憲です。1998 年改正の際に比例代表選挙に限定されたことには、衆参（小）選挙区選挙の候補者の情報を外国在住の国民に投票日までに伝達することが困難であるなど、一定の理由はあったといえます。しかし、その後在外選挙が繰り返し実施され、通信手段が発展して参議院比例代表選挙では在外投票も含め候補者の名前を投票用紙に記入することが求められるほどになった以上、遅くともこの判決の直近の選挙において、選挙権行使を比例代表選挙に限定することは違憲です。

Q．国会が制度改正を怠っていた点で国に賠償責任はある？

A．はい、あります。在外投票制度をつくらなかった国会は、国民が選挙権を行使するための機会を適切に確保することを怠り、このような立法不作為については国家賠償法上の違法性が認められ、賠償責任があります。

⇒一部破棄自判、一部上告棄却（X 勝訴）。

この判決のここが大事！

・本事件に補足意見を執筆した福田博裁判官は、「代表民主主義体制の国であるはずの我が国が、住所が国外にあるという理由で、一般的な形で国民の選挙権を制限できるという考えは、もう止めにした方が良い」と述べている。憲法で保障され、しかもそのなかでも民主主義の観点から重要な選挙権を、制度がないから、という理由だけで、安易に認めないことは許されない、という点に、本判決の問題意識がある。

・立法不作為に対する国家賠償法上の違法性については、在宅投票制度廃止違憲訴訟では、最高裁は認めていなかった。この点については国家賠償法上の違法性を認定する余地が広がったと考えられる。

46. 議員定数訴訟（最大判昭和51年4月14日）
——私の1票の価値が、あの人よりも低いなんて許せない！

1．何が起きた？

千葉県に住むXは、1972年に行われた衆議院選挙で1票を投じた。

しかし、この選挙では議員1人あたりの有権者数が、Xが投票した千葉県第1区では38万1217人であったのに対して、兵庫県第5区では7万9172人であった。すなわち、有権者1人あたりの格差は1対4.8となっていた。

また、この選挙では大阪府第3区（議員1人当たりの有権者数39万4950人）と兵庫県第5区（上述）との間で最大較差が生じており、その差は1対4.99となっていた。

そこでXは、この最大較差4.99倍となった72年衆院選が憲法14条1項の定める「法の下の平等」に反するとして、公職選挙法204条に基づき、選挙管理委員会Yを被告として、東京高等裁判所に選挙を無効とするように訴えた。

第1審では、選挙権が民主政治にとって欠かすことのできない基本的権利であり、著しく不合理、不平等な議員定数配分を国会が行った場合には、裁判所の審査が及ぶとした。しかし、今回の選挙で生じた投票価値の不平等については、「国民の正義公平観念に照らして」許されないほどの程度にはいたっていないとして、Xの請求を退けた。

これを不服としてXは最高裁に上告した。

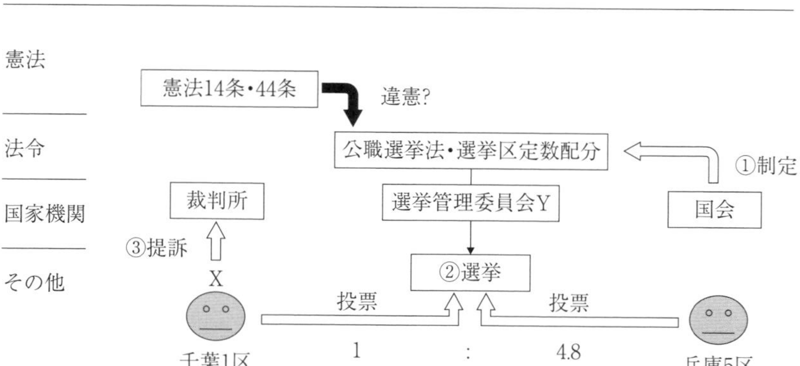

2．判決文に聞いてみよう

Q．憲法は投票価値の平等を保障していますか？

A．はい。そもそも選挙権は、国民が国政に参加する機会を保障する基本的な権利として、議会制民主主義の根幹をなしています。それにもかかわらず、歴史的にみて選挙権には様々な制限や差別が行われてきました。しかし、日本国憲法は14条で「法の下の平等」を、そして44条でも選挙権について差別禁止を定めており、国民の政治的価値を徹底的に平等化することを目指しています。それゆえ、投票価値の平等も憲法が要求しています。

Q．投票価値の平等が要求されるならば，完全に1対1でなければダメでしょうか？

A．いいえ。投票価値が平等になるかどうかは、選挙制度の仕組みと関係してきます。しかし、今回の選挙のように投票価値にある程度の差が生じてしまうのは避けられないでしょう。なので、憲法が平等価値の平等を求めているとしても、数字的に完全に1対1であることまで求められているとは考えられません。

Q．今回の選挙（最大較差4.99倍）は合憲？　それとも違憲？

A．違憲です。今回の選挙で生じている較差は、合理性を有するものとはとうてい考えられない程度を越えるものであり、正当化すべき特段の理由をどこにも見出すことができません。さらに、これほどの格差が生じることが予想できたのに、国会は定数配分を合理的期間内に是正していませんでした。それゆえ、今回の選挙は選挙権の平等という憲法の要求に反しており、違憲と断ぜられるべきものです。

Q．じゃあ、今回の選挙は無効なんですね？

A．いいえ。たしかに、今回の選挙は違憲と判断せざるを得ません。しかし、選挙を無効としても、すぐに議員定数配分が是正されるわけではありません。また、もし選挙が無効となると、今回の選挙で当選した議員たちが最初から議員としての資格が無かったことになり、すでにこの衆議院で制定された法律などの効力に問題が生じるだけでなく、衆議院の活動自体ができなくなり、定数配分を是正することもできなくなってしまいます。こういった事情を考慮して、選挙の効力は無効ではありません。

⇒破棄自判（72年衆院選は憲法14条に反するが、選挙は有効。X敗訴）。

3．もう一歩先の勉強のために

Q．合理的な期間って具体的にはどれくらいの期間なんですか？

A．最高裁は、投票価値の較差を巡るその後の裁判においても、国会が合理的な期間内に較差を是正しているか否かに注目しています。しかし、実際にどれくらいの期間が経っていれば不合理であるのかという具体的な基準については明らかにしていません。

最大較差が1対2.304となった2009年衆院選に関する判決では、当時採用されていた「1人別枠方式」という選挙制度が問題になりました。この方式の背景には、小選挙区制の導入と、都道府県の間での人口移動にともなう投票価値の較差の拡大への緩衝材が必要とされていたことがあります。そのため、まず各都道府県に1議席ずつ配分し、そして、残りの定数を各都道府県の人口に比例させて配分していたのです。

もっとも、この方式は純粋な人口比例ではないため、較差拡大の原因ともなっていました。最高裁は、この時の判決で、1人別枠方式があくまでも制度改正に対応するための一時的なものであり、「おのずからその合理性に時間的な限界がある」とします。そして、新しい選挙制度が定着し、安定した運用ができるようになった段階で、この方式には緩衝材としての役割は終わっており、合理性が無いと述べて違憲と判断しています（最大判平成23年3月23日）。

このような判決を踏まえると、具体的な期間というよりも、制度の実態に応じて合理的な期間といえるかどうかを判断しているのかもしれません。

Q．その後の衆院選挙の較差問題はどうなったの？

A．最高裁は、最大較差が1対4.4になった1983年衆院選について「違憲と判断するほかはない」と判断しています（最大判昭和60年7月17日）。また、1対2.92になった1986年衆院選は合憲と判断されています（最二小判昭和63年10月21日）。しかしその一方で、最大較差が1対3.18の1990年衆院選については「違憲状態」にあると判断されています（最大判平成5年1月20日）。このことから、以前は、1対3が合憲か違憲かを決める分岐点ではないかと言われてきました。

もっとも、1994年に小選挙区制が採用されてから1対3を越えなくても違憲状態と判断されるケースもあります。最大較差が1.98となった2017年衆院選について合憲と判断されているため、近年では、1対2を越えるかどうかが違憲状態であるか否かの分岐点だと考えられています（最大判平成30年12月19日）。

Q．参議院選挙はどうなんですか？

A．衆議院選挙よりも大きな較差があっても認められてきました。かつては、最大較差が1対5.85であった1986年参院選が合憲とされる一方で、同じく1対6.59となった1992年参院選は「違憲状態」と判断されました（最二小判昭和63年10月21日、最大判平成8年9月11日）。このことから、1対6を越えるか否かが違憲状態か否かの分かれ目と考えられてきました。

しかし近年では、最大較差が1対5となった2010年参院選、同じく1対4.77であった2013年参院選がそれぞれ違憲状態と判断されています（最大判平成24年10月17日、最大判平成26年11月26日）。一方で、1対3であった2016年参院選は合憲とされています（最大判平成29年9月27日）。

Q．どうして衆院選よりも参院選の方が投票価値の較差が大きいの？

A．最大較差が 1 対 5.26 であった 1977 年参議院選挙に関する裁判で、最高裁は次の 2 点から衆院選よりも大きな較差を認めていました（最大判昭和 58 年 4 月 27 日）。

1 つ目は、参院選について、憲法 46 条が 3 年ごとの半数改選という仕組みを採用していることです。半数改選ということは、各選挙区の定数が偶数である必要があります。そのため、1 議席減らす（もしくは増やす）といった形で細かく調整して較差を是正するのが参院選の場合は難しいのです。2 つ目は、二院制における参議院の独自の意義、すなわち、都道府県を単位とする民意を反映させるという意義です。

もっとも、次に言及する 2012 年の最高裁判決では、こういった都道府県の代表という参議院の独自性について疑問が示されています。

Q．参議院ではどのような選挙制度改革が必要でしょうか？

A．上でみたように、これまで参院選では都道府県を単位として選挙区が設定されてきており、これが較差の原因になっていました。そのため、最高裁は、都道府県を単位とするこの選挙区割りそれ自体を改めるなどの改革が必要だと述べています（最大判平成 24 年 10 月 17 日）。

2015 年に公職選挙法が改正され、現在では鳥取県と島根県、徳島県と高知県がそれぞれ合区として一つの選挙区になっています。

この判決のここが大事！

・憲法は単に 1 人に 1 票が付与されているだけではなく、その投票の価値の平等も要求している。

・1 票の較差が選挙権の平等に反していたとしてもすぐに違憲となるわけではなく、国会が人口の変化を考慮して合理的な期間内に較差を是正していない場合に違憲と判断される。

・もし合理的な期間内に較差が是正されずに定数配分が違憲と判断された場合に、選挙それ自体をも無効にすると、当選自体が無効となったり、選挙後に制定された法律があった場合はその効力に疑問が出てくるなど、大きな混乱が生じてしまう。こういった混乱を避けるため、定数配分は違憲であっても、選挙それ自体は有効とする事情判決の法理が用いられた。

・参院選については、半数改選であることや、都道府県の代表といった独自性の観点から、これまで衆院選よりも大きな「1 票の較差」が認められてきた。ただし、近年では最高裁も選挙区割りの適否について積極的に指摘することもある。

47. 受刑者の選挙権制限違憲訴訟（大阪高判平成25年9月27日）
――受刑者だからって投票しちゃダメなの？

1．何が起きた？

2010年7月11日は、参議院議員選挙の投票日であった。しかし、当時、Xは、傷害や威力業務妨害の罪で、刑務所に服役中だった。Xは、投票したかったが、公職選挙法11条1項2号に基づいて、選挙権を持っていないとみなされたので、投票できなかった。Xは、2010年11月25日に仮釈放により刑務所を出所し、2011年1月29日には刑の執行も受け終わった。

Xは、刑務所にいても投票するための情報を取得できるし、選挙犯罪といった「選挙の公正を害する行為」を行ったわけではないし、投票に行くことが著しく難しい状態にあるわけでもないのに、選挙権を否定する公職選挙法はおかしいと考えた。そこで、Xは、禁固以上の刑の対象になった受刑者の選挙権と被選挙権を制限する公職選挙法11条1項2号の規定が憲法違反であることの確認と、Xが次回の選挙において投票できる地位にあることの確認、そして憲法違反である公職選挙法に基づいて2010年の選挙に投票できなかったことによって精神的苦痛を受けたことを理由に国家賠償を求めた。

第1審は、公職選挙法が憲法違反であるという確認と選挙権の確認請求について訴えを却下し、国家賠償請求については請求を棄却した。そこでXは控訴した。

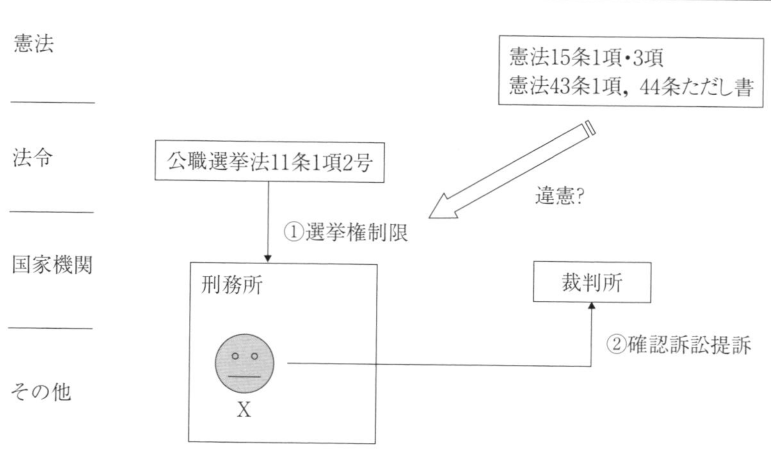

参政権

2．判決文に聞いてみよう

Q．選挙権には、どんな意味があるの？

A．国民の代表者である議員を選挙によって選ぶ選挙権は、国民が国政に参加する機会を保障する基本的権利であり、議会制民主主義の根幹であるので、民主国家においては、一定の年齢以上の国民すべてに平等に与えられるべきものといえます。

Q．選挙権は、どんなときにでも必ず保障されるの？

A．いいえ。このように重要な選挙権の制限は、選挙の公正を害する行為をした場合を別にして、原則として許されません。しかしだからといって無制約なわけではなく、「やむを得ない」事由がある場合に限って、国民の選挙権を制限することが認められます。（【45】在外国民選挙権訴訟を参照。）

Q．この事件は「やむを得ない」場合に当てはまりますか？

A．いいえ。一言で受刑者といっても、犯罪内容は様々であり、むしろ選挙権とは関係ない犯罪が大多数を占めます。したがって、単に受刑者であることを理由に、公正な投票をしないとは言えないでしょう。また、留置場のような刑事施設にいても、刑が確定されていない者（未決収容者）は不在者投票という方法で投票ができるので、受刑者も、同様の方法で投票することができます。そのため、受刑者であるといって、一律に、選挙権を制約する合理的な根拠はないといえます。

Q．では、X の主張が認められたのですか？

A．いいえ。X は、すでに刑の執行が終了しているので法律上の争訟に該当しませんし、また、受刑者ではない X の次回選挙の資格を確認する利益もありません。さらに、2010 年当時、国会が法律を改正する義務はありませんので、国家賠償請求も認められませんでした。

よって、公職選挙法の規定は違憲ではありますが、X の控訴は棄却します。

⇒控訴棄却（X 敗訴、確定）。

この判決のここが大事！

・この判決は、在外邦人選挙権制限事件で示された審査基準を用いて、受刑者に対する一律の選挙権制限がやむを得ない事由に該当しないとして、違憲と判断された。しかし、国家賠償については、2010 年の選挙当時、国会に改正の義務があったとは言えないので否定された。

・類似の事案で合憲判断をしたものとして広島高判平成 29 年 12 月 20 日があり、最三小決平成 31 年 2 月 26 日により確定している。また、本判決の審査基準を用いた事件として、例えば、「ひきこもり」による投票困難者国家賠償請求事件（最一小判平成 18 年 7 月 13 日）等がある。

資　料＜戦後の主な出来事と掲載判例＞

1945	ポツダム宣言受諾（8月14日）／終戦の詔勅（玉音放送）（8月15日）
46	第22回衆議院議員総選挙（4月11日）／日本国憲法成立（11月3日）
47	2・1ゼネスト中止指令（1月31日）／日本国憲法施行（5月3日）
48	世界人権宣言採択（12月10日）
49	松川事件（8月17日）→【24】
1950	徳田要請事件で証人喚問された菅季治が自殺（4月6日）
	マッカーサーが共産党の非合法化示唆（5月3日）
	朝鮮戦争勃発（6月25日）／警察予備隊設置（8月10日）
51	サンフランシスコ平和条約・旧日米安全保障条約調印（9月8日）→【02】
	日本共産党第5回全国協議会（5全協）にて「51年綱領」採択（10月16日）
52	主権回復（4月28日）／警察予備隊を保安隊・警備隊に改組（10月15日）
54	保安隊・警備隊を自衛隊に改組（7月1日）／奈良県ため池条例制定（9月24日）→【36】
1955	55年体制成立
57	【25】チャタレー夫人の恋人事件（最大判昭和32年3月13日）
59	東京地裁で米軍駐留に違憲判断（東京地判昭和34年3月30日）（砂川事件第1審伊達判決）→【02】
	【02】砂川事件（最大判昭和34年12月16日）
1960	新日米安全保障条約調印（1月19日）／ハガチー事件（6月10日）／国会前デモで東大生樺美智子死亡（6月15日）／安保条約自動成立（6月19日）
62	キューバ危機（10月16日）
	【37】第三者所有物没収事件（最大判昭和37年11月28日）
63	革共同第三次分裂により革マル派と中核派が誕生（4月）→【33】
	【20】加持祈祷事件（最大判昭和38年5月15日）
	【24】東大ポポロ事件（最大判昭和38年5月22日）
	【36】奈良県ため池条例事件（最大判昭和38年6月26日）
64	東京オリンピック（10月10日）
1965	日韓基本条約（日本と韓国の国交正常化）（6月22日）
67	【39】朝日訴訟（最大判昭和42年5月24日）
68	米海軍原子力空母エンタープライズ佐世保入港（1月19日）→【28】
	日本大学全学共闘会議（日大全共闘）結成（5月27日）
	【44】三井美唄労組事件（最大判昭和43年12月4日）
69	石田和外最高裁判事が第5代最高裁長官に就任（1月11日）
	東大安田講堂事件（1月18日-19日）
	【28】博多駅事件（最大決昭和44年11月26日）
	【09】京都府学連事件（最大判昭和44年12月24日）
1970	【05】八幡製鉄政治献金事件（最大判昭和45年6月24日）
	家永教科書裁判（東京地判昭和45年7月17日）（第二次・杉本判決）→【32】
72	連合赤軍によるあさま山荘人質事件発生（2月19日-28日）
	沖縄本土復帰（5月15日）
	堀木第1審判決（神戸地判昭和47年9月20日）→【40】
	日中共同声明（日本と中国の国交正常化）（9月29日）
	小売市場事件（最大判昭和47年11月22日）→【34】
73	オイルショック
	【13】尊属殺重罰規定違憲判決（最大判昭和48年4月4日）
	【07】全農林警職法事件（最大判昭和48年4月25日）
	【01】長沼ナイキ訴訟（札幌地判昭和48年9月7日）
	【08】三菱樹脂本採用拒否事件（最大判昭和48年12月12日）
74	猿払事件（最大判昭和49年11月6日）→【06】
1975	【21】牧会活動事件（神戸簡判昭和50年2月20日）
	【34】薬事法距離制限事件（最大判昭和50年4月30日）
76	【46】議員定数訴訟（最大判昭和51年4月14日）
	【42】旭川学テ事件（最大判昭和51年5月21日）

77	【23】津地鎮祭事件（最大判昭和 52 年 7 月 13 日）
78	成田空港管制塔占拠事件（3 月 26 日）→【38】
	日中平和友好条約署名（8 月 12 日）
	【04】マクリーン事件（最大判昭和 53 年 10 月 4 日）
1980	初の衆議院・参議院同日選挙（6 月 22 日）
81	日産自動車男女別定年制事件（最三小判昭和 56 年 3 月 24 日）→【08】
	【10】前科照会事件（最三小判昭和 56 年 4 月 14 日）
	【27】戸別訪問禁止訴訟（最二小判昭和 56 年 7 月 21 日）
	【12】大阪空港公害訴訟（最大判昭和 56 年 12 月 16 日）
82	【40】堀木訴訟（最大判昭和 57 年 7 月 7 日）
	長沼ナイキ訴訟最高裁判決（最一小判昭和 57 年 9 月 9 日）→【01】
84	【30】税関検査事件（最大判昭和 59 年 12 月 12 日）
1985	女子差別撤廃条約批准（6 月 25 日）
	中曽根首相靖国神社公式参拝（8 月 15 日）
86	男女雇用機会均等法制定（4 月 1 日）
	【31】北方ジャーナル事件（最大判昭和 61 年 6 月 11 日）
87	【35】森林法共有林事件（最大判昭和 62 年 4 月 22 日）
88	【18】麹町中学校内申書事件訴訟（最大判昭和 63 年 7 月 15 日）
89	ベルリンの壁崩壊（11 月 9 日）／子どもの権利条約採択（11 月 20 日）
1990	湾岸戦争（8 月 2 日～91 年 2 月 28 日）／ドイツ再統一（10 月 3 日）
91	ソビエト連邦崩壊（12 月 25 日）
92	【43】市立尼崎高校事件（神戸地判平成 4 年 3 月 13 日）
	【38】成田新法事件（最大判平成 4 年 7 月 1 日）
93	【32】家永教科書裁判（最三小判平成 5 年 3 月 16 日）（第一次）
1995	阪神淡路大震災（1 月 17 日）／地下鉄サリン事件（3 月 20 日）
	【33】泉佐野市民会館事件（最三小判平成 7 年 3 月 7 日）
96	【22】神戸高専剣道実技履修拒否事件（エホバの証人剣道拒否）（最二小判平成 8 年 3 月 8 日）
97	愛媛玉ぐし事件（最大判平成 9 年 4 月 2 日）→【23】
99	国旗国歌法制定（8 月 13 日）→【19】
2000	【11】エホバの証人輸血拒否事件（最三小判平成 12 年 2 月 29 日）
01	アメリカ同時多発テロ（9 月 11 日）
03	イラク戦争（3 月 20 日～2011 年 12 月 18 日）→【03】
04	【41】中嶋訴訟（最三小判平成 16 年 3 月 16 日）
2005	【45】在外日本国民の選挙権（最大判平成 17 年 9 月 14 日）
07	君が代ピアノ伴奏拒否事件（最三小判平成 19 年 2 月 27 日）→【19】
08	【03】自衛隊イラク派兵差止訴訟（名古屋高判平成 20 年 4 月 17 日）
	【14】国籍法違憲判決（最大判平成 20 年 6 月 4 日）
2010	空知太神社事件（最大判平成 22 年 1 月 20 日）→【23】
11	東日本大震災（3 月 11 日）
	【19】君が代起立斉唱事件（最二小判平成 23 年 5 月 30 日）
12	議員定数訴訟（参議院）（最大判平成 24 年 10 月 17 日）→【46】
	【06】堀越事件（最二小判平成 24 年 12 月 7 日）
13	障害者差別解消法制定（6 月 19 日）→【43】
	【15】法定相続分差別違憲判決（最大決平成 25 年 9 月 4 日）
	【47】受刑者の選挙権制限（大阪高判平成 25 年 9 月 27 日）
14	障害者権利条約批准（1 月 20 日）
2015	【16】女性の再婚禁止期間違憲判決（最大判平成 27 年 12 月 16 日）
	【17】夫婦同氏違憲訴訟（最大判平成 27 年 12 月 16 日）
16	ヘイトスピーチ解消法制定（5 月 24 日）→【26】
17	【29】NHK 受信料訴訟（最大判平成 29 年 12 月 6 日）
18	【26】ヘイトスピーチ訴訟（保守速報）（大阪高判平成 30 年 6 月 28 日）

→は関連する判決

判例索引

執筆者紹介

【編著者】

岡田　順太	おかだ　じゅんた	獨協大学法学部教授
淡路　智典	あわじ　とものり	東北文化学園大学総合政策学部准教授
今井健太郎	いまい　けんたろう	志學館大学法学部講師

【執筆者】

上田　宏和	うえだ　ひろかず	創価大学法学部講師
小川有希子	おがわ　ゆきこ	帝京大学法学部助教
川口かしみ	かわぐち　かしみ	宮城学院女子大学一般教育部特任准教授
川鍋　　健	かわなべ　たけし	早稲田大学政治経済学術院講師（任期付）
小池　洋平	こいけ　ようへい	信州大学全学教育機構准教授
根田　恵多	こんだ　けいた	福井県立大学学術教養センター助教
菅沼　博子	すがぬま　ひろこ	名古屋商科大学経済学部専任講師
菅谷　麻衣	すがや　まい	拓殖大学政経学部助教
杉山　有沙	すぎやま　ありさ	帝京大学法学部講師
塚林美弥子	つかばやし　みやこ	早稲田大学社会科学総合学術院講師
辻　　健太	つじ　けんた	東京学芸大学特任講師
橋爪　英輔	はしづめ　えいすけ	常磐大学総合政策学部助教
波多江悟史	はたえ　さとし	愛知学院大学法学部専任講師
春山　　習	はるやま　しゅう	亜細亜大学法学部講師
本庄　未佳	ほんじょう　みか	岩手大学人文社会科学部准教授

（五十音順）

判例キーポイント憲法

2020年4月1日　初　版　第1刷発行
2023年2月28日　初　版　第3刷発行

編　者　岡田順太
淡路智典
今井健太郎

発行者　阿部成一

〒162-0041　東京都新宿区早稲田鶴巻町514
発行所　株式会社　成文堂
電話 03(3203)9201(代)　Fax 03(3203)9206
http://www.seibundoh.co.jp

印刷・製本　三報社印刷
☆乱丁・落丁はおとりかえいたします☆

ISBN978-4-7923-0666-3 C3032
定価（本体1,300円＋税）　検印省略